大きな窓と広い吹き抜け？
法定耐用年数？
土砂災害？
根拠は何にすればいい？
住宅ローン？

！《ビックリマーク》な家選び

～デリケートで重要なその選択基準～

尾崎一徳
Kazunori Ozaki

文芸社

まえがき

1. これからマイホームを建てたいと思いながら、悩んでいる一般の方
2. これから「建築営業マン」として頑張るという希望を持つ若者
3. これまで「住宅販売テクニック」は磨いてきたものの、本当の意味での建築に関する知識が不足していると痛感し反省している、真面目な建築営業マン
4. 私と同様に今のままではいけないと、将来に不安を感じている工務店経営者

このような人たちが読むことをイメージしながら、この本を書いたつもりです。
気をつけたことは「購読対象者が多様すぎて、中途半端にならないように」ということです。そのための工夫として、対話形式での説明を基本にしました。それによって、対話に登場する「あなた」をそれぞれの立場に置き換えつつ読めるようになっています。

友人　：マンションと一戸建てってどっちが良いのかな～？
あなた：あれ～っ？　また迷い始めたんだ～っ（笑）。

友人　‥大きな買い物なんだから、少しは迷わせてよっ！

という具合です。夫と妻の会話もあります。「友人」「あなた」「妻」「夫」のどの立場でも、あなたが感情移入しやすい役を選んで読んでみてください。

ここで紹介する内容は住宅見学会などで、私が実際に受けた質問の内容だと思ってください。自社の建物の知識だけで建築営業ができる時代ではなくなっているようです。

4の工務店経営者に該当する方だとすれば、内容が簡単すぎるでしょうか？　……本当に？「知っていること」と「説明ができること」の間にはとても高い分水嶺がそびえているようにも思うのですが。しかし、今後を見据えてRC住宅の設計施工ノウハウ、もしくは格安の木造規格住宅を導入する「判断材料」だと思ってください。そうすれば十分に読み応えのある内容だと確信しております。

技術にはさまざまな側面があると私は考えていますし、偏った思想や宗教のように画一的ではいけないとも思います。結果的に建築主さんが正解だと確信できさえすれば、それこそが正解で良いのだと思います。しかし、「その正解に至るまでにはさまざまに検討すべき点がありますよ。しかもそのような内容を、建築業界人は教えてくれないかもしれませんよ」という警鐘を鳴らしたかったのです。

理解できない部分や説明不足に思われる部分は、著者へご質問いただいても結構ですし、すぐに知り合いの建築プロや住宅展示場に足を運ぶことをおすすめします。でも、本書を読み終えたあなたのその疑問、質問は、一般的な営業マンにとってはかなりレベルの高い内容になると思います。だからこそ営業マンのテクニックに翻弄されないためにも、質問は本書をきちんと読み終えてからにしてくださればと幸いです。

さまざまな意見に踊らされずに、「あなたの大切な家族にとって正解」の家づくりが成功されることを祈念いたします。


さて、マイホームが一生で最も大きな買い物だ、という方も多いでしょう。家を建てたがために、住宅ローンに苦しむようではいけません。かといって、マイホームをあきらめ、一生、借家の家賃を払い続けるというのもいかがなものでしょう。家賃を払い続けるか、自身の家を所有するか、そこにはさまざまな意見があるようです。自己所有を否定する方々は、

①　借家住まいであれば必要に応じていつでも移転できる
②　不動産（家や土地）は現金化しにくい資産である
③　所有していると維持管理費や税金が必要になってくる
④　総費用を比べれば家賃を払い続けたほうがお得である

……というようなことをおっしゃいます。

しかし本当にそのような側面だけから考えていいのでしょうか？　本編でもう少し詳しく書きますが、右の4つについては次のことが言えます。
①の「いつでも移転できる自由度」については、定期借家契約が主流になりつつある現在において

は、「次期の契約はしない」という権利を大家さんが持っているかもしれません。つまり、あなたは「必要に応じて」ではなく、大家の都合で出ていかなければならないかもしれないのです。

②の「不動産は現金化しにくい」については、その通りだと思います。しかし、その考えからだけで借家住まいをしていれば、いつまでも不動産資産を持つことができないということになります。そしてその間に家賃として現金資産を捨てていることになるのではないでしょうか。不動産資産は現金化しにくいのは事実です。しかし、家賃として支払ってしまった現金資産は決してあなたの手元に返ってくることはない、というのも事実なのです。

③の「所有していると維持管理費や税金が必要」については、アパート住まいだとその税金をあなたが支払わなくて済むと思うかもしれません。しかしあなたが直接税金として支払っていなくとも、家賃には大家さんの利益が含まれており、その利益から、大家さんがあなたの代わりに諸々の税金を払っているだけだとは思いませんか？　当然ながら、家賃の中には大家さんの維持管理計画に基づいた積立金も含まれているのだということを忘れてはいけません。

④の「家賃を払い続けたほうが得」については、所有と借家のどちらにしろ、どのような建物に住むことを想定するかによって異なってくるところです。ですが、仮に借家住まいの間にお金が残ったとしても、そのお金で定年後も家賃を払い続けていくことが可能なほどの金額だと思いますか？　また、絶対に住宅ローン地獄になることは避けなければなりませんが、家賃を払い続けていて余剰金が残っていたとしたら……、あなたはそのお金をレジャーや車の買い替えに使ってしまうタイプでは決

してないと断言できますか？

これまでで、私個人は「住宅所有派」であることはお分かりいただけると思います。しかし、さらに付け加えると、ローンが無理なく組めるのであれば、鉄筋コンクリート造をお勧めしますし、できれば「木造と同等価格の鉄筋コンクリート住宅を選ぶべき」というスタンスです。そうでなければ、「現在の家賃以下の返済額で取得できる経済性最優先の木造住宅を所有すべき」と考えています。ここだけ読めば言葉足らずで誤解されそうですので、よろしければ最後までお付き合いください。そうすれば、このスタンスや根拠はお分かりいただけると思います。

本書では、おそらくこれまであまりない、家の比較検討についても説明していますし、「これまでの書籍とは異なる切り口」を念頭に書いたつもりです。ただし「建築技術者としての確信」はありますが、できるだけそれを抑えつつ、公平な立場での比較検討を心がけました。ですから、住宅に関する考えが確定してしまっている「著者」ではなく、「あなた」に解説をしていただくようにしました。

私は設計者であり工務店の経営者であり不動産屋でありますが、何よりも新規格開発を志す建築技術者です。鉄筋コンクリート住宅を、一般的な木造住宅並みの価格で建設できるような工夫もしてきました。アパート代を払い続けるよりお得ではなかろうか、と思っていただける木造住宅の提案もしてきました。

本書では著者の考えを押しつけるような書き方はしていないつもりです。常に「比較検討」をおすすめしているのだとお考えください。前述の通り、個人的には「家は自身で所有すべき」という考えを前提に、「一般的な木造住宅を希望であれば、経済性を重要視した鉄筋コンクリート造（RC造）を選ぶべき」という建築技術者としての確信は根底にあります。ですから、公平であると宣言しつつも、そのような「匂い」を感じる部分もあるかもしれません。そのあたりはご勘弁ください。

今この本を手に取っている方の大半は、マイホームを考えているところだと思います。まさに「今建てる」と決めつつも、心のどこかで「本当に大丈夫なのだろうか」という〝決断の波打ち際、もしくは判断の分水嶺〟を漂っていると推測いたします。

「本当は家を建てたいのだけれど、この先どうしたらいいのか分からないんです」という方もいるでしょう。しかし、あなたにとっての正解はひとつだけとは限りません。

この本をじっくりとお読みいただき、あなたにとっての正解を見つけて行動に移してください。また、私への質問もできる限りお答えいたしますので、まずは一通りお読みくださいませ。

解説にあたっては、「ひとつのテーマ」に対して一か所で集中的に書くことをあえて避けました。なぜならば、その時々の表現の流れの中で、切り口を変えつつ繰り返し説明したほうが、最終的なイメージと理解がしやすいのではないかと考えたからです。たとえば「地震」に関する記述もあちこちに出てきます。そしてできるだけ異なる表現で、イメージしていただきやすく工夫しています。

キーワードは目次に織り込んでいるつもりです。本書にさまざまに書き込んだり、テーマごとに色分けした付箋紙を使ったりしながら、あなた自身と大切なご家族にとっての確信を探してください。

時々「RC造」という言葉が出てきます。これは「鉄筋コンクリート造の略称」なのですが「Reinforced Concrete construction：リーィンフォースト　コンクリート　コンストラクション：（鉄筋によって）補強されたコンクリート構造」という意味です。

さて、私はこれまでに一〇〇〇回以上の無料メールマガジン（ステップメールおよびメール）を発行していますが、読者の反応が良い会話形式を使って、本書をまとめました。

「さまざまな角度から」の考察により、「住宅は所有すべき」と確定し、あなたにとってその住宅が「どのような住宅」であるべきかが明確になることを願うとともに、どのような形であれ、本書があなたの背中を押す一冊になれれば幸いでございます。

著者取得済み資格：

一級建築士、構造設計一級建築士、宅地建物取引士、一級建築施工管理技士、一級土木施工管理技士、一級管工事施工管理技士、下水道排水設備工事責任技術者、福祉住環境コーディネーター（2級）、準一級生前整理アドバイザー、住宅ローンアドバイザー、被災建築物応急危険度判定士、損害保険募集人（火災保険）、既存住宅状況調査技術者、（公認）ホームインスペクター　他著者個人の特許申請済み案件：
　建造物における柱梁接合部の構成法、振動エネルギー入力波軽減装置
著者個人の実用新案登録済み案件：
　胴縁の固定ができる断熱パネル、下穿き

目次

Chapter.2 「決断の波打ち際」のあなたへ

Chapter.3　構造に関する会話集

Prologue

家相ってなんだろう

最初に、家相に関する「設計者としての私」のスタンスをお話ししておきます。「最近の建築事情」に詳しい「あなた」と「友人」の会話のスタイルです。

＊　＊　＊　＊

（友人があなたを訪ねてきます）

友人　：ちょっと教えてよっ！　最近住宅展示場を回っているんだけど、あるハウスメーカーさんから良いプランが出てきたな～って思ったんだ。だから、それを基にしていくつかの工務店さんに見積もりをしてもらおうとしたら、「家相が悪い」っていう工務店さんがあるんだよね。いろいろと言っていたけど、根拠がよく分からなくてさ……。

あなた：家相に関しては、僕はよく分からない。だから、今から話すことはこれまでに読んだ本の「総まとめとしての個人的感想」だと思って聞いてよ。そして、「家相学」には「諸説ありそうだ」ということと「科学的根拠は薄い」ように思うから、技術ではなくて「思想や宗教のようなもの」だと考えたほうがいいのかもしれないネ。

友人　：……具体的にはどういうこと？　その諸説のひとつを教えてよ。

あなた：じゃあまず、その発生について話すね。

友人　：うん。

あなた：「家相」という考えは、どうも中国で発生しているらしいんだ。「鬼門とか裏鬼門」って聞いたことがあるかな？「好ましくない方角」を指す言葉みたいだけど、中国で発生した時には「都に攻め込んでくる外敵」がやってくる方向だとか、「鬼の住んでいる洞窟」があった方向だという説が有力らしい。ただし、現在の中国には存在すらしていない考え方らしいんだ。そしてその「思想」が日本に入ってきた後、平安時代の陰陽師が活躍する頃に「日本独自の進化」を遂げたらしいんだよね。

友人　：日本独自……？

あなた：その頃の時代背景や政治利用があったのかもしれないネ。

友人　：それからどうなるの？

あなた：その「独自の進化」が近代化する日本において、大きく変わったみたいなんだよね。

友人　：どういうこと？

あなた：端的な事例が、女性の地位向上とトイレの位置のように感じているんだよな〜。

友人　：「女性の地位向上」が、家相と何か関係があるの？

あなた：うん。現在とはまったく異なって、かつては女性の地位が低く見られていたことは知っているよね？

友人　：我が家では常に奥方のご機嫌伺いをしているけどね（笑）。

あなた：今ではそれが一般的だとは思うけど、女性の地位が低かった頃には、家庭での女性の居場所、つまり水回りが、陽当たりの悪い北側や西側に置かれることが一般的だったみたいなんだ。

友人　：あ～、そういえば昔行ったじいちゃんの家は、そんな感じだったよ。で？
あなた：その頃には電気もなかったから、食品を保存するには冷暗を確保しやすい北側のほうが都合も良かった。これは、科学的根拠かもしれないネ。日本では、1950年代に冷蔵庫が普及し始めた。すると、食品の保管のためであれば、台所が北側である必要がなくなってきたんだ。そうすると、「家相学」においても時代背景を基にして「良し悪しの判断」が変化してきた、ということが想像できないかな。
友人　：あ～っ、なるほど。時代の流れとともに「家相の判断基準」が変わってきたってことになりそうだねっ!?　でも、それって人間の都合であって、鬼の都合ではないよね？　ちゃんと「鬼」とは協議が済んでのことなのかな～。「鬼と家相学者」は、ちゃんとした内容に基づいて、記名捺印した契約書を交わしているのかな？
あなた：さすがっ！　そこなんだよな。なるほど～って思えない部分は。
友人　：で、トイレの話は？
あなた：あ～、さっき言ってた田舎のおじいちゃんの家のトイレは、水洗トイレだったの？
友人　：いや、汲み取り式のトイレで、夜トイレに行くのが怖くてさ～っ。
あなた：僕のじいちゃんの家も、昔はそうだったよ。ところが、日本でも近代化に伴って下水道が発達してきたんだよね。同時に、本下水を整備しにくい地域では、浄化槽（タンク内で家庭ごとに汚物を処理する方法）が発達してきたんだ。

友人　：あ～～、分かる分かる。

あなた：それに伴って、家相的判断がどう変わってきたかと言うと、昔の汲み取り式トイレは「不浄の場」つまり「汚れた、けがれた場所」と判断されていたみたいなんだけど、浄化槽の出現によって、不浄の場はトイレではなく「浄化槽タンクのある場所」だと考えられる傾向になってきたみたい。そして、本下水がある地域ではトイレ関係は不浄の場ですら〝なくなった感〟があるように思うよ。

友人　：時代とともに変わってくるんだね～っ！……あれっ？　そこにも「鬼の意見は反映されて」いるのかな？

あなた：だよね。僕にも分からない。ずいぶん前に読んだある家相学の本では、トイレに関する説明で「近代日本においては私はこのように判断しています」って書いていたから驚いた。えっ⁉　それって……あなたの個人的感想ですかって。

友人　：なるほど……。となると設計者の立場としては、家相を気にするのであれば、どの著者の、どの本のどのあたりを気にすれば……？　ってことになるよな～っ。

あなた：だろ～。僕は設計士ではないけれど、漠然と「家相が良いように」って言われると困ると思うな。

友人　：そりゃ～そうだろうね。……で？　結局のところお前ならどうするんだよ。自分の家を建てる際には。

あなた：僕は基本的に家相を気にしないようにする。……つまり、家相よりも自分たちの生活のしやすさを優先したいと思うってことさ。ただし、「あえて家相学に逆らう」ようなことはしないだろうな。それと、先祖をまつっている仏壇をあえて鬼門や裏鬼門にもっていきたくはないとは思っているよ。家相を信じるかどうかではなく、「先祖に対する配慮」としてだけどね。

友人　：なるほどな〜。「あえて」とか「配慮」ってところはお前らしいよな〜っ（笑）。

あなた：僕は特に何かを信仰しているわけではないけれど、先祖は大切にしているつもりだからね。それと、もちろんだけど、嫁さんの意見は重要だよね？　ところが、さっきも言ったような経緯から、「人間様が勝手に判断したのかもしれない現在の家相学」はともかく、少し古い家相の本を見ると、家相を優先していると、主婦にとっては満足いく計画にはなりそうにないみたいなんだ。だから「家相というものをどのように位置づけておくのか」は計画当初にきちんと家庭内で話しておくことは必要かもしれないネ。だって、新築後に誰かから「家相が悪い」なんて言いがかりをつけられたとしても、一家の共通認識としての納得と家相判断を超える満足がありさえすればいいと思うからね。

友人　：なるほどな〜っ。んっ？　ということは、現代において「鬼より怖」くて、配慮が必要なのは……女性だってこと？

あなた：言ってないよっ！　そんなこと。絶対に〜っ！（笑）

＊　＊　＊　＊

結論を先に述べますと、私は家相をあまり気にせずに設計します。最近は「家相」という言葉自体をご存知ない方も増えてきたようにも感じます。

建築主には、「もしも家相を気にするのであれば、どの本のどのあたりまで気にしたらよろしいかを教えてください」とお聞きするようにしています。その根拠としては、本によって内容が異なっているように感じるからです。

また、正しいかどうかは別にして、「家相を気にさせる」設計士もいるようです。もしかするとそれは他社との差別化のための努力なのかもしれません。ですからその設計士には「家相学の根拠」と「なぜそのように判断されているのか」「誰がそのように判断したのか」「その判断は今後の時代の変化とともに変わらないのか」をきちんと説明してもらうことをおすすめします。その説明に納得できれば、「気にするも善し」ですが、単に「わけの分からない影」に踊らされるようではいかがなものかとは思います。

Chapter. 1

まずは、「持つべきか、借りたままにしておくべきか」を考える

第1話　借家住まいであれば、必要に応じていつでも移転できる？

さて、ここからしばらくは「あなた」と「奥さん」の会話スタイルで進めます。

奥さん：ね〜っ。家って借りて住んでいる間はいつでも引っ越すことができるよね〜。

あなた：そうだね。生涯賃貸住宅派の人たちは、その点を大きな優越点だと主張していることも多いよね。

奥さん：平気で〝そうだね〟なんて答えているみたいだけど、所有派のあなたとしては悔しくないの？

あなた：だってそれは本当のことでしょ？　事実をねじ曲げるつもりも争うつもりもないよ。「家づくり」のような大きな出費を伴う決断は特に、いろいろな側面を検証し、優劣をつけつつ各自にとっての正解を見つけるべきだからね。他人の意見はあくまでも参考意見であって、総合的判断は自分でするべきことなんじゃないのかな。

奥さん：そっか〜っ！　立場はさまざまだから、いろいろな判断が存在して当然だものね。

あなた：そうそう。ただし、いつでも引っ越すことができるという意見はあくまでも「入居者側だけの考え方」だよね？　逆に質問するけれど、そのアパートにいつまでも住み続けようと思っているのに、「大家さんの都合」で出ていって！っていうことには決してならない保証はあるのかな？

奥さん：えっ!?　出ていけなんて言われることがあるの？

あなた：最近のアパートの賃貸借契約では、「定期借家契約」が主流になりつつあるそうなんだ。それは、たとえばその賃貸借期間を2年間と決めて契約するんだ。そしてその期間が過ぎれば、自然更新はしないことになっている。つまり原則としては出ていかなければならない。もしも住み続けるのであれば、改めて契約をし直さなければいけないんだよ。

奥さん：それじゃあ入居者がかわいそうじゃないっ！

あなた：じゃあ、大家さんはかわいそうではないの？　入居者も良い人ばかりとは言えないんじゃないのかな。それに、ご近所さんにとっても……。

奥さん：あ～っ……、ご近所に恵まれなかった……っていう意見はあくまでも「自分は合格点」という観点からの意見だけれど、ご近所さんや大家さんにしてみれば、「私」が合格点かどうかの判断が別基準として存在しているわけか。合格点ではない「私」だとすれば、「出ていってもらう権利」も大家さん側が持っていなければ不公平と言えば不公平か……。

あなた：貸す側の気持ちとすればそうなるだろうね。「初めは分からなかったけれど、今度入居した人、ハズレだわっ！」ってことも想定できるしね。

奥さん：その際の対応措置として、定期借家契約があるってことなんだっ！
あなた：それが貸主、借主双方にとって公平な契約のように感じるよね。
奥さん：賃貸住まいだからといって、住み続けることが保証されているわけではないんだ〜。
あなた：契約の内容次第だから、それぞれに確認が必要だけどね。

＊　＊　＊　＊

特に期間を定めないアパートの賃貸借契約は、「戦時中、世帯主が戦地に赴く際に、後に残される家族の住まいに関する不安をなくすための国策」であったという記述を読んだことがあります。ですからそれは今日にはあてはまりません。それよりも、出ていってくれない入居者による大家側が被る迷惑のほうが問題視されてきたのでしょう。

たとえば「建て替え」を希望する大家に対して、それに応じない入居者がいたとしたら……。たとえば「ご近所に迷惑ばかりかける入居者」へのクレームは大家側の関係者に言うでしょう。

第2話　不動産（家や土地）は現金化しにくい資産である

奥さん：家や土地って資産ではあるけれど、すぐに現金に換えにくいっていう点では不利だよね。
あなた：そうだね。売りたい値段で売れるかどうかも分からないしね。だからこそ、価値が早く下がっていく構造であればなおのこと、買う側からすれば、それを理由に、買いたたきたくなるのも分かるような気がするよね。
奥さん：法定耐用年数のことね。
あなた：そうそう。現金化しにくい資産だからこそ、残存価値が長く残る構造を選んでおくほうが賢明なのかもしれないよね。
奥さん：あ〜っ。建設費用が同じであれば、絶対にそう思うわっ！
あなた：もうひとつ違う側面から考えてみてよ。無理のない返済計画の中で自宅を所有するってことは、家賃を捨て金のように払い続けることよりもリスクが高いのかな。無理のない返済計画であれば、確実に資産形成をしていることになるように思うんだけれどもな〜。

法定耐用年数については、住宅展示場を訪問した時、その工務店の考えを必ず聞いてみてください。短いほうが有利だという理由を納得させてくれる営業マンがいるかどうか。

もちろん、どのような構造であったとしても、同等価格で建設することが条件ではあります。税制的にも価値が下がっている物件を高く買おうとする人がいるとすれば、それは土地に対する魅力からでしかないように思いますが、いかがでしょうか？　もちろん、途中で売却することなどを〝万が一にも〟考える必要はないということ判断でしたら、その議論は無駄です。「現金化しにくい資産」を持つべきかどうかにだけ集中して、検討すべきでしょう。

＊　＊　＊　＊

第3話　所有していると維持管理費や税金が必要になる

奥さん：建物を所有してしまうと、毎年毎年、維持管理のための貯金や税金の支払いなんかもしなければいけないんでしょ？

あなた：もちろんそうだよね。

奥さん：やはり賃貸のままのほうが結果的にはいいのかな～。
あなた：そうかもしれないね。でも、ひとつ考えてみてよ。アパートに住んでいれば諸々の諸費用を本当に払わなくてもいいのかな？
奥さん：えっ？　どういうことよっ。アパートに住んでいれば、家賃だけ支払っていればいいんじゃないの？
あなた：でも大家さんはそれらの諸費用を支払っているわけでしょ？
奥さん：大家さんが、でしょ？
あなた：じゃあ聞くけど、大家さんが支払う税金や火災保険料や維持管理の積立金は、どこから捻出しているんだろうね？
奥さん：……家賃からだった！
あなた：でしょ～。

＊　＊　＊　＊

「大家業」は商売です。ですから、当然家賃からは利益が発生します。ということは、大家は、自宅であれば徴収されない「利益に対する税金」も支払います。そしてその後に純利益が残るのです。勘違いされている方が多いかもしれませんが、家賃の設定は「利息などまで含めた諸々の諸費用を支払った後の」最終利益まで検討して決められているのです。つまり、税金や火災保険料などに関しても、入居者が直接支払うわけではありませんが、家賃収入の中から大家が入居者に代わって支払っていることになるのではないでしょうか？　それでもアパート暮らしだと、諸費用はかかってはいないとお考えですか？

第4話　総費用を比べれば、家賃を払い続けたほうがお得である？

奥さん：支出額の合計を計算してみると、賃貸生活のほうがお得だという本が目に留まったんだけど、そうなのかな〜。

あなた：どうなんだろうね。僕もそのような内容を目にしたことがあるんだけど、どのようなアパートに住むのか、どのような一戸建てを建てるのか、そのあたりの想定次第では異なった数値になってくるのではないかな。

奥さん：そりゃそうだよね〜。どうしても豪邸に住みたい人と、安く建てたい人との間には違いが出てくるはずよね。

あなた：でも大きな出費を伴う計画なのだから、じっくり検討してみなさい、という警鐘だと考えておく必要はあるんだろうな。

奥さん：でも、住宅ローン返済後には、その家は自分のものになっているのに、家賃生活だと年金生活になってもさらにずっと家賃が続くのよ。それに、定期借家契約をしていると、大家さんから合法的に退居を要請される可能性だってあるんだよ。老老介護のはての孤独死ってことにでもなると、大家さんの気持ちとしては再契約を遠慮したくなるのは当然かもしれないよね。そのあたりはちゃんと押さえておかなくっちゃダメよ。本当にそのための資金が、その時点で確保できているのかどうかも、あらかじめ、きちんと検証しておかねばならないし。

寿命は延びているわよ！

あなた：それ、僕のセリフじゃないのかな～っ（汗）？

＊　＊　＊　＊

総支出額の比較に関しては、前述の理由により、ここでは明言できません。ただし、個々にそのあたりも検討しつつ、リタイヤ時の預貯金額の想定、さらにはその後、何年アパート生活をするのか？　本当にそのアパートに住み続けさせてもらえるのだろうか？　そのアパートの寿命は、あと何年くらいだろうか？　アパートの建て替えが妥当な時期に、「その年齢で」移転入居させてもらえるアパートはあるのだろうか？

このあたりは、ご自身の希望的観測ではなく、「あなたが大家さんだったとしたら」どのように判断するだろうかということも重要な指標ではないでしょうか。その頃には社会福祉が充実してくれていればいいのですが。

第5話　いつまで家賃を払い続けますか……定年後も？

奥さん：あなたの年収を基に、定年時点での預貯金総額を考えてみたんだよね。
あなた：っ!!　……あっ！　ちょっとトイレっ！
奥さん：待ちなさい！　真面目な話なんだからっ！
あなた：あ……はい。
奥さん：今の家賃が7万円で、あなたが定年になるまでの30年間このアパートに住み続けるとすると、7万円×12ヵ月×30年＝2520万円を、その間に支払っていることになるのよ。そして子どもの成長は賃貸でも持ち家でも、どちらにしても同じだから、一応は考えないようにするね。
あなた：うんうん。
奥さん：そこでね、毎月の返済金額の想定として、住宅資金として毎月積み立てている1万5千円を今の家賃に足して、8万5千円だとすれば無理がないはずよね？

あなた：現預貯金は使わないという想定だね？
奥さん：うん。そうするとね、金利を2％で固定して30年間借りると設定すれば、２２９９万円借りた際の返済額と同じになるのよ。どう思う？
あなた：毎月の住宅ローン返済額から借入額を逆計算したわけだね？　さらに、無理のない範囲で頭金を捻出するか、諸費用に充てるかを考えておくほうがいいとは思うけど……、どう思うっていうのは、何に対してどう思うのかを答えればいいの？
奥さん：にぶいわねっ！　いい？　あなたの定年後の余生を20年とするでしょ？　そうすると、その20年の間には、７万円×12ヵ月×20年＝１６８０万円が、さらに家賃として消えていくわけよ。
あなた：そういうことになるね〜。
奥さん：なるね〜、なんてのんきなことを言わないで、真剣に考えてよ。い〜いっ！　家を持てば、当然、維持管理費や税金などが発生するわけよ。でもそれには１６８０万円はかからないように思うのよ。しかも、男女の平均寿命を考えると、私はあなたより7年長くこの世にいることになるのよね。そうすると、さっきの１６８０万円は、７万円×12ヵ月×27年＝２２６８万円にもなるのよ！　もしかして……あなたは私に、減っていく預貯金のことを心配しながら、心細く年金暮らしをしろって言うつもりなの？
あなた：いや〜っ！　決してそんなつもりでは（汗）。……あ〜っ、実はね、僕たちもそろそろ真剣に家を建てることを検討しようっていう話を出そうと思っていたところなんだ。うっ、うん！
それがいい!!（汗ダラ）

＊　＊　＊　＊

支払総額に関しては個々に検討する必要がありますが、支払総額だけで検討するわけにもいかないのが、「あなたの寿命は？」ということかもしれませんね。「確実に十分な預貯金」がその頃に貯まっているというシミュレーションができていれば問題ないのでしょうが、あなたはそのあたりに関してはいかがですか？　住宅ローンが無理のない返済額かどうかと、定年後の生活に関しては、じっくりと考えてみる必要があるのかもしれませんね。

この本を読み続けてくださっているということは、自宅所有に前向きな方だろうと想像いたしますが、それであればこそ、無理のない計画にしていただきたいと思います。本書を読み続けていただければ、どこかにあなたにとっての解決策があるはずです。

第6話　住宅ローン地獄にならないような家を持とうとすれば？

奥さん：住宅ローン地獄を避けるためには、どのあたりに気をつければいいと思う？

あなた：まずはそれ以前に、自身に浪費癖があるようであれば家は持たないほうがいいのかもしれないし、お金を借りること自体にストレスを感じてしまうようであれば、自宅取得には向かないのかもしれないね。

奥さん：私には浪費癖がないのは知っての通りだけど、ローンがストレスになる可能性はあるわね……。でも、家を建てたいっていうスイッチが入りかけているのよね。なんとかしてよ。

あなた：なんとかって、あとはプロにきちんと計画を立ててもらうことだと思うんだけど、そのきちんとした計画を立ててもらうためには、我が家の収入や、残っている車のローンなんかに関しても情報を伝えなければならないから、あちこちで聞くのもはばかられるんだよな〜。

奥さん：それはそうよね。

あなた：だからまず、現状の収支を考えながら、自分たちなりに無理のない借入額がどれくらいになるのかを検討してみようよ。そのうえで、その価格帯の家を供給している工務店さんのいくつかに相談してみて、妥当だと思える工事金額を提示してくれるところに絞り込んでいって、最終的に決定するってことではどうかな。

奥さん：最初に銀行に相談に行ってみなくても大丈夫？

あなた：そうだね。銀行なら、そのあたりのことを相談するにしても、工務店さんほどハードルが高くはないように思うよね。

＊　＊　＊　＊

どこに相談に行って、誰が「大丈夫」と言ってくれたとしても、自分が納得できなければ好ましい計画ではないでしょうね。特に住宅の営業マンには、「ローン返済のための生活苦」は関係のないことかもしれません。どこかでまた書きますが、「可能な限り借り入れをさせる」ことが住宅営業マンの手腕である、と評価される部分があるからです。

ところが反対に、弱気になりすぎて満足のいく家づくりにならないようだと、それはそれで本末転倒です。何事にもほどほどを考えながら総合的判断の中で最も正解に近い計画を見つけ出しましょう。しかし、その答えは各家庭のさまざまな事情や考え方によって異なるのだということは、分かってくださいね。

第7話　その家に何年住むつもりで建てるのか？

奥さん：家を建てるって、生涯に一回きりのことなのかな。
あなた：突然どうしたの？
奥さん：だって、家は3回建てないと満足できる家にはならない、っていう話を聞いたことがあるからね。
あなた：だからこれから3回、家づくりをするってこと？
奥さん：まさか。でも、そんな話を聞くと、1回目で正解の家にたどり着けるのかな～って思ってさ。
あなた：知り合いの設計士さんから聞いた話だけど、100回建てたって、100点満点の家にはならないそうだよ。
奥さん：どうして？
あなた：まずは、それぞれの建てるタイミングで、自分たちの年齢が違うでしょ？　子どもの年齢も違うし、家族構成だって異なってくる可能性があるわけでしょ？　さらにはとんでもない趣味にはまってしまっているかもしれないし。だから何回建てても同じだって。

奥さん：だったら今を楽しく、子育てをする期間のための家ってところが正解なんだね。
あなた：またまたまた～っ！　そういうのはダメだって！　その建物がいいかどうかは別にしても、そんな短絡的なキャッチフレーズを使っている工務店さんにお願いするのは、絶対に反対だからね。
奥さん：どうして？
あなた：どうしてって、いいかい？　その工務店さんの建物が本当に良いか悪いかは別にしても、「子育ての間のためだけの家」って言われてどう思うの？　子育てが終わったら建て替える計画っていうことになるよね。あのようなキャッチフレーズはね、ママ世代にとって最も耳に心地よいフレーズのひとつなんだって。つまり、女性のハートをつかむためだけのキャッチコピーだそうなんだ。キャッチコピーっていうのは、基本的に客層のハートをつかむためのものだとは思うけど、あれはひどいよ。少なくとも、持ち家って今後何十年も住む家を計画するんだろ？　短期的に良い家を建てるよりも、高い満足度が長く続く家に住みたいと思うけどな～。
奥さん：たとえて言えばどういうこと？
あなた：新築後に子育て期間の10年間は90点の家だったとしても、その後は70点になるのであれば、最初から最後まで80点をキープできる家のほうを選びたいってことだよ。僕らだって年齢を重ねていくわけだからね。そもそも30代と70代では家に対する要求が異なるとは思わない？

だから、実際の建物がどんなであろうと、「子育て期間のためだけの家」なんていうキャッチフレーズで売っているような工務店さんの家は、絶対にイヤだよっ！「子育てが済んだ後のことは知りません」って言っているのと同じものだものね！

奥さん：珍しく力んでしゃべってるわね～（笑）。

あなた：……（照）。口車に乗せられたような買い物をしたくないだけさ。

＊　＊　＊　＊

たとえば、これから建てる家を足掛かりにして、10年後に住み替えるという計画も悪くはないと思います。それこそが、住まいのステップアップということになるのでしょう。もしもステップアップを考えるのであれば、最初は中古住宅という選択肢もありかもしれませんね。たとえば子どもが巣立つことによる家族構成の変化や、親との同居なども念頭に置きつつ、進めるべきでしょう。家庭ごとの状況を見極めた、総合判断が必要です。

第8話　建てること、つまり所有することで何が改善される？

奥さん：なんだか建てるという気持ちだけが先走りして、何のために建てるのかが後回しになっているみたいなんだけど、いいのかな。
あなた：まず改善すべき点をはっきりさせて、その優先順位を先に決めないとダメなんじゃないのかな。
奥さん：なぜそれを先に言ってくれないのよっ！
あなた：どの程度本気なのかを計りかねていたし、なんてったって、さわらぬ神にたたりなしとか、女心と秋の空、なんて言うじゃない（笑）。
奥さん：……なんですって（怒）。
あなた：いっ、いや〜っ！　冗談ですよ、冗談（汗）。本当は、そろそろ具体的な話をしなければと思っていたところで……（怖）。
奥さん：じゃあ、あなたは何を改善したいと考えていたのか言ってみてよ。
あなた：んっ、んんっ！　え〜と、まずは、庭いじりができるようにしたい。室内でペットを飼えるようにしたい。リビングでホームパーティーができるようにしたい。庭ではバーベキューができるようにしたい。書斎が欲しい。車は3台止められるようにしたい。だけど……、こづかいは減らされたくない。っていうところくらいかな。

奥さん：結構、現実的なところを考えているじゃない。でも、最後の希望は却下ね（笑）。

＊　＊　＊　＊

現在の生活から、目的とする何かが改善されないようであれば、大きな借金をしてまでも家を建てる必要などないのではないでしょうか。

家賃がもったいないというのも、大きな理由にはなるでしょう。もちろん、それが明確であり、第1優先順位であれば、それも正解だと思います。でも、せっかく建てるのですから、「無理のない範囲で」もう少し明確な改善目標を検討しておくことも必要かもしれませんね。だからといってそれは、ついでにあれもこれもと言うようなことではないことも、お分かりいただけると思います。

新築することで「満たすべき条件」を、明確にしておきましょう。それとともに優先順位をつけましょう。「絶対に改善したいこと」から「できれば改善したいこと」までの順位です。

第9話　優先順位の明確化

奥さん：優先順位をつけていくってことは理解できるんだけど、どのような手順でそれを決めていけばいいのかな。

あなた：あ〜っ、なるほどね。最も簡単な方法は、最初にノートを見開きで使えるように準備する。もちろんそれはチラシを半分に折って、裏面の白紙の部分を使用してもいいよ。このチラシは2枚用意しておく。

奥さん：ふんふん。それからどうするの？

あなた：そのノートの左側のページには、思いついた順番でいいから、とにかく今の生活から「1・絶対に改善したい事項」を書き出していく。そして右のページには「2・できれば改善したい事項」を同様に、どんどん書き出していくんだ。

奥さん：チラシ2枚ってことは、次のページにも何かすることがあるのね。

あなた：さすが、察しがいいね〜っ！　そう、2枚目の左側には「3・できればそうはなってほしくないこと」を書き出し、右のページには「4・絶対にそうはなってほしくない事項」を書き出していく。

奥さん：あ～～っ、なるほどっ！　そうすることで、家づくりの目的みたいな内容が4分類されたってことになるわね～っ！

あなた：そういうことになるね。じゃあ、今ちょっとやってみる？

奥さん：面白そうね。じゃあ私の場合は「1」として、子どもたちとも一緒に使える広いキッチン、明るいリビング、平屋建てで中庭が必要……。「2」として、駅まで徒歩5分以内、駐車場は2台分以上、メルヘンチックな外観だけれども頑丈なつくり……。「3」としては、使い勝手の悪い水回り、家相や風水的に良くない、家族が孤立化しそうなつくり。「4」として、息が詰まりそうな密集地、道路が狭い、近所に変な人がいる……、そんな環境は困るね。

あなた：なるほど。作業の方向性としてはそのような感じ（汗）。ところで、お客さんのご予算は？

奥さん：えっ!?　え～っと、それからどうするのよっ!?

あなた：実際には家族全員で順番に発言していくほうが好ましいとは思うよ。そしてその際には原則として、自分以外の人に対して、反対意見は言わないこと。とりあえず4つのパートが埋まってしまったら、それぞれの考えや意見を聞き出す。つまり、しばらく全員でそのノートを眺めながら、家族でその内容を話し合うんだ。その際にも基本的には反対意見は禁止。初日はそれでいったん終わりにしておこう。

奥さん：どうして？

あなた：そこまで話していると、その後、いろいろとそれぞれの頭の中で化学変化が起きてくるわけさ。

奥さん：あ〜っ！　冷却期間を置くことで、思考がまとまるというか、発酵してくるようなイメージね。

あなた：そういうこと。子どもの意見の中には突飛な内容も出てくるかもしれないよ。でもそれはそれでいいんだ。もちろんその作業は、夫婦二人でやってもいいことだけどもね。そして左右のページで若干の入れ替えが発生するかもしれないし、同じページの中でも思い入れの強い順に優先順位をつけるんだ。

奥さん：うんうん。

あなた：そうしてでき上がった一覧が、「絶対にかなえたい事項〜絶対に避けたい事項」までの順番だよね。これを清書（48ページのように）するんだけど、夢物語のように思えることも、いったんは保留事項として欄外にでも入れておこう。もしかすると、設計のプロから見ると何らかの解決方法があるかもしれないからね。

奥さん：その一覧表をもって設計士さんとの打ち合わせに臨むわけねっ！

あなた：ただし気をつけなければならないのは、その後は予算との戦いになってくるから、設計士からの提案に対しては、ある程度覚悟しておく心の準備も必要だよね。つまり、絶対にかなえたいことと、絶対に避けたい事項の両極端が多いほど、設計者とすれば困難な設計条件となるってことは想像がつくよね。同時にそれは、工事価格に反映されることが多いと予測できるよね？　建築主から「絶対条件」と言われれば、その内容がかなえられていなければ失格の設計だってことだからね。
奥さん：ということは、本当に「絶対条件」でなければ、「できれば条件」に移しておいたほうがいいかもしれないってことだよね。
あなた：たとえば、総予算が１５００万円で、絶対条件が「広いリビングと夢のようなキッチン」って言われてもね〜っ。遠慮しすぎる必要はないけど、そのあたりは建築主も現実を見つめながら書き込んでいくことが必要だと思うよ。それから設計士さんとのディスカッションだろうな。
奥さん：だんだんと現実的になっていくわね〜。

＊　＊　＊　＊

※次ページのような表を作成してチャレンジしてみてください。
上記に説明したように、いったんは雑記帳に、とりあえず思いつくままに書きなぐって、その後に清書のつもりで次ページのような表を作成されたほうがいいかもしれませんね。設計士や建築営業マンは打ち合わせの中で、結果的に同じような作業をしていくわけですが、あらかじめ建築主の立場で明確にしておくほうが、もれがなくなります。私も設計する立場の者ですから明確に言えますが、「ビジョン」のできている方のほうが、やりやすくもあり、面倒くさくもあり……。しかし、全てを実現できるかどうかは別としても、納得できるにしろ、あきらめるにしろ、そのほうが結論までが早くなるはずです。

絶対に改善したい事項	できれば改善したい事項
できれば避けたい事項	絶対に避けるべき事項
保留事項	

第10話　全ての希望を満足させることは……

奥さん：希望することに優先順位をつけて、たくさん書くには書いたけど……、本当にかなうことなのかな〜。

あなた：そりゃ〜無理だろうねっ！

奥さん：それじゃあ、こんな作業自体が無駄だってことじゃないの？

あなた：それは違うよ。だって現時点で君自身が、全部は無理かもしれないって思う部分もあるわけでしょ？　これから先はプロの意見を聴きつつ、予算の都合などを踏まえながら、現実的な取捨選択をしていくことになるよね。その結果として、たとえばその予算では君の希望は到底合格ラインまでかなえられないということが明白になれば、アパート脱出のために、我慢してでもとりあえず建てるのか、いったんはあきらめるのか、という選択になるよ。

奥さん：そっか！　少なくとも状況を自分なりに客観的に判断して、納得のうえで今後の進退を決定できるっていうことねっ！

あなた：それが大事なんだろうと思うよ。

奥さん：確かに。そうしておかないと、設計士さんや営業マンの責任にばかりして、現実が見えなくなり、徐々に改善しながらでも、次の工務店さんと同じことを繰り返す可能性があるよね。最初の工務店さんが〝当たり〟だったのかもしれないのに。

＊　＊　＊　＊

希望する全てがかなうわけではないと思ってください。一般的には生活に便利なところを好みますが、空気のきれいなところも捨てがたいですよね？　予算の都合から、まずは土地価格に対する制約が発生することが多いとイメージできますよね。その結果、坪単価の高い土地を購入するのであれば、面積は狭くなってしまいます。そうすると、「ゆったりしたリビング」が可能かどうかが分水嶺に置かれてしまうかもしれませんよね。でも、それもこれも含めて総合判断として、可か不可かの判断をしなければならないわけです。明確な総合判断をするためにも、設計士に誘導された答えではなく、自身の希望や意見を当初に明確にしておくべきだとは思いませんか？

第11話　本心って……なかなか言いにくい

奥さん：いろいろと希望を書き連ねているけど、これを設計のプロである他人に見せるとなると、なんだか恥ずかしいよね〜。あつかましいというか、世間知らずと言うか……。

あなた：その気持ちはよく分かるよ。僕だってそうだもの。でもやはり計画時点であっても、たとえそれが取捨選択の結果であったとしても、その先へ進むか立ち止まるかの判断を飛ばしていては、結果に納得できなくなる可能性があるかもよ。

奥さん：確かに、文字にしているからこそ、うやむやではなくなるし、自分としても現状把握と理解や納得ができるよね。

あなた：そうだと思うよ。予算に十分な余裕があるのであれば、あまり気にしなくてもいいかもしれないけど、限られた予算内で検討する以上、その努力と我慢は必要不可欠だと思うね〜。

奥さん：やはり手当たり次第に相談に行くっていうのも考えものだわ。きちんと準備して希望をかなえてくれそうな工務店さんを、ある程度見当つけてからでなくてはね！

実は、声に出して希望事項を言うということは、簡単なようでなかなか難しいことでもあります。奥様が「あなたっ！　ほら、あのことも言ってよっ！」という場面に遭遇することもよくありますから。それに、言いそびれて「失敗した～っ！」ということがないようにするためにも、文面に起こしておくことは必要だと思います。かなう希望なのかどうかはその先にあることですから。そして、その話を前に進めるべきか、今回は我慢するべきかの判断をするのです。全てはそういった明確な判断のための材料になるのです。

＊　＊　＊　＊

第12話　マンションか、一戸建てか

奥さん：一戸建てが無理だったとしたら、マンションという選択肢もあるのかな？
あなた：もちろんあると思うけど、それは分譲マンションっていうこと？　それとも賃貸マンションっていうこと？
奥さん：そっか～、両方が選択肢として入ってくるよね～。

あなた：生活に便利なところで土地探しをすると高額になってしまうから、結果として賃貸マンションに移動するのであれば、あきらめずに別の方向を模索しようよ。でも「もう少しお金が貯まったら家を建てる」っていう考えは、少し厳しいかもしれないよ。なぜならば、その分年齢が高くなるから、住宅ローンを組める期間が短くなるからね。そして、もしも分譲マンションを選択するのであれば、そのマンションが建て替えを必要とする時点での、僕たちの年齢も考慮しなければいけないと思うな〜。そうしておかないと、僕たちが高齢化してから賃貸暮らしへの逆戻りの可能性があるからね。

奥さん：そうだった。その話は一度したことがあったねっ！　私たちの場合は、やはり分譲マンションは選択肢から外すことにしておきましょう。

＊　＊　＊　＊

マンションの管理組合規約を読む時には、現在の気持ちや今の年齢の〝つもり〟では読まないほうがいいと思います。マンション建て替えの時期や、大規模改修が必要になる時期に、ご自分が80歳だと想定して読むくらいが、ちょうどいいのかもしれませんね。

あなたが反対しても建て替えが決定してしまう条件は、どういう場合でしょうか？　建て替えの際には、当然建設費として新たな出費が伴うでしょうが、その出費に耐えられそうでしょうか？　耐えられなければ土地の権利を売って賃貸暮らしへ逆戻りでしょうか？　土地の権利はどれくらいの価格になりそうでしょうか？　権利を共同で所有する以上、そのあたりのことをきちんと押さえておく必要はないでしょうか。

第13話　さあ、家族会議だ！

奥さん：だいたいの意見は出つくしたみたいだし、優先順位もつけたし、子どもたちの意見も欄外ではあるけれど反映させたよねっ！　これからどうするの？

あなた：それでは、業者さんや銀行に相談する前の最終的な家族会議だなっ！

我が家の今回の自宅取得計画は、取得総額の上限は、一応素人案ながら明確になった。そして、最低限でかなえるべき事項も明確になった。子どもたちも含めて承認を得て、腹をくくって次に進むようにしよう。

奥さん：子どもたちにお金の話までするの？

あなた：そこはパスだよ（汗）。よそで何を言うか分からないからね。一応「秘密会議」だってことにしておこう（笑）。

ここで大切なのは、夫婦としての考えを宣言することです。今後がダラダラとしないために。いったんすると決めたのであれば、〝背水の陣〟もしくは〝不退転の覚悟〟が必要ではないでしょうか。もしかするとその先には、名誉ある撤退があるかもしれませんし、中古住宅への進路変更アドバイスなども出てくるかもしれません。しかし、それもそれとして現状における正解なのだと思います。

＊　＊　＊　＊

つまり「営業マンの口車に乗せられて建設した後に感じる失敗」はあくまでも「本当の意味での失敗」ですが、十分に検討しつくした後であれば、「名誉ある撤退も失敗とは呼ばない」と思いますし、無理な計画にもならないはずです。そして、それは次につながることなのです。

かなり急ぎ足でここまできてしまいましたが、この章で出たようなことと似たような内容も、何度か切り口を変えつつ、今後も触れていきます。

この先には構造に関する切り口から説明する章もあります。いずれにしてもあなたは今、高額な買い物を検討中なのです。意見や感想にも多面性がありますので、切り口を変えた検証も必要なのです。

Chapter. 2

「決断の波打ち際」のあなたへ

第1話　家って何のために建てるの？

奥さん：ねえねえ。家って何のために建てるのかな。
あなた：そりゃ〜、人それぞれだろ〜。
奥さん：たとえばどんな理由があると思う？
あなた：たとえば、
・家賃を払うのがもったいないから
・借り住まいで上下階やお隣の騒音が我慢できなくて
・一国一城の主になりたいから
・もう少し満足できる暮らしをしたいから
・定年後まで家賃を支払うような将来設計は危険だから
・地球環境のため……だったら、戸建てではなく集合住宅にいたほうが効率が高いと思うけど
……、他にもいろいろあるんじゃない？
奥さん：あなたにとっては何のための家づくりなの？

あなた：えっ!?　俺は……、恥ずかしいけど、大切な家族を最も安全に守れるように……です（照）。
奥さん：キモいけど……、ちょっと見直した。
あなた：……（ちょっと鼻が高い）。

＊　＊　＊　＊

さて、あなたは何のための家づくりですか？　大きな買い物は、雰囲気や勢いだけで決めてはいけないでしょうね。もちろん勢いがなければ、大きな買い物などできません。でも、えいやっ！で決めるものでもありませんよね、後悔しない家づくりのためには……。それともあなたはギャンブラータイプですか？

第2話　「借りたまま」と「自分で建てる」どっちがお得？

友人　：ねえねえ、家賃を払ってアパートに住むのと、家を建てるのとどちらがお得なのかな～？
あなた：専門家はそれぞれの立場からいろいろと言っているみたいだよ。
友人　：いろいろって？

あなた：たとえば、家賃に大家さんの利益がどれほど上乗せされていると想定するのか、個定資産税や火災保険料をどの程度想定するのかは、どんなアパートに住むか、どんな家を建てるのかによって、まるっきり異なるでしょ～。

友人　：じゃあ何を基準に決めればいいのかな。

あなた：結果的には全てが個別判断だと思うよ。ただし、よ～く考えておかなければならないのは、定年後も家賃を払い続けることができますか？　ということだと思うけどな～。

友人　：どういうこと？

あなた：定年になった段階で、それ以降のアパート家賃をずっと払い続けていく余剰金を、貯めることができていると思いますかってところじゃない？　家賃も住宅ローンと同様に払い続けているわけだから。実際に無理なくローンが組めて、アパート家賃以下の返済計画ができるのならば、持ち家のほうがいいとは思わない？

友人　：そんな家ってあるの？

あなた：家って、「手抜き」とはまったく違う意味で、経済的に安く建てる建て方っていうのはあるらしいよ。

友人　：詳しく教えてよ！

あなた：詳しくは知らないから、今度聞いとくね。でも経済性を考えない設計をすると、意味なく高額になってしまう場合もあるらしいよ。もちろん、そのデザインやそのデザインを成し遂げるための無理な構造計画を善しとするなら別だよ。大事なのは、本人が全てに納得することだよ。デザインであれ価格であれ。あっ！　ちなみに、ハウスメーカーさんの建物の価格の3分の1は次の営業のための宣伝広告費にすり替えられる、という話も聞いたことがあるし。

友人　：えっ⁉　そうなの？

あなた：テレビコマーシャルなんて、目玉が飛び出るほど高いからね〜。でもそれも理解できたうえで発注するのであれば、問題ないでしょ？

友人　：そりゃ〜、まあね。

あなた：そのような諸々も理解したうえで、経済性の高い建物を同一グレードで安く建てる計画をしてもらえば、アパート代より安くできる可能性があるということらしいね。アパート代は結局、捨て金だし、住宅ローンは資産形成だということは、間違いないと思うけどね。

＊　＊　＊　＊

「経済性の高い設計」と「手抜きのごとき設計」は明らかに異なりますので、混同しないようにしてくださいね。本書で説明している「経済設計」とは建築基準法の要求基準を、余裕を持って上回りつつ、決して贅沢にはならないコンパクト設計のことだと思ってください。

そのためには工夫が必要ですし、ある程度の我慢が必要かもしれません。ただし経済設計を前提としても、私が最も得意とする鉄筋コンクリート住宅（RC造住宅）においては、我慢を強いているところはあまりないと思っています。なぜならば、お客様が異口同音に「もう木造には住めません」とおっしゃいますから。さらに言えば、お客様のほとんどは一般的なサラリーマンの方々であることも特筆すべき事実です。

第3話　家賃は捨て金……でしょうか

友人　：家賃は〝捨て金〟っていったって、ちゃんと住む権利に対してお金を払っているわけだから、そんなことはないよね。

あなた：それはそうなんだけれども、その議論をする時には、「その家賃が後のためにストックされていますか？」というところを押さえておくべきだろうとは思うよ。

友人　：どういうこと？

あなた：相応のお金を家賃という形で支払いはするのだけれど、その結果として将来に向けて手元に残るものがありますか、ということじゃないかな。

友人　：もう少し詳しく説明して。

あなた：じゃあ切り口を変えて説明するね。仮に1000万円で家を建て、毎月3万円ずつ住宅ローンを払っているとすると、そこに住む権利とともにそのローン返済で毎月3万円分ずつ、その家を自分のものにしていっているというイメージだよね。
友人：うんうん。
あなた：つまり毎月3万円分ずつ不動産という形で資産をつくっているということになるよね。
友人：なるほど。
あなた：でも、アパート代を支払っている間は、将来に向けての資産形成にはなっていないでしょ？　なぜなら家賃って、住むという権利を1ヵ月ごとに更新しているだけのお金だということにはならないかな？
友人：なるほど……。
あなた：でも、全ての人に画一的に同じ正解があてはまるわけでもないと思うよ。
友人：どうして？
あなた：だって、まずは希望する建物のためにローンを組めるかどうかも問題でしょ？　ローン地獄は嫌じゃない!?
友人：そりゃそうだよね。
あなた：さらには、自宅は持たないって決めている人にこんな話をしても虚しいだけだし。
友人：そりゃそうだよね。
あなた：でもね、所得の関係で「あきらめ」を「持たない主義」にすり替えるのは、間違いだと思うな。

友人　：どういうこと？
あなた：詳しくは改めて時間がある時に話すけど、結局はそれぞれに正解は異なるってことだと思うよ。
友人　：でもそれだと、結局は年収の低い人は自宅をあきらめろって言ってるように聞こえてしまうけどな～。
あなた：いやいや、だから自分の予算をきちんと見定めて、ライフスタイルを考えながら相応の自宅取得を目指すことが正しいのではなかろうかっていう話をしているつもりさ。だって、家族の構成上、どうしても4LDK必要な人が「予算の都合で」って言ったって、2DKの家を建てることに意味はないし、年収が低いほど、年金生活が始まる時点では家賃支払いからは自由になっていたほうがいいとは思わない？　さらに付け加えれば、取得する自宅って新築に限ったことではないからね。
友人　：あ～っ！　なるほどね！　アパート暮らしではできないDIY（Do it yourself）を考えながらの中古住宅取得もありってことよねっ！

＊　　＊　　＊　　＊

家を「持たない主義」の方を否定するつもりはありません。しかし「家を建てるためのさまざまが面倒くさいから」とか、「どうせローンが組めないから」という理由で、〝あきらめの気持ち〟を〝持たない主義〟にすり替えてしまうのは、正しくはないような気がします。今一度じっくり考えてみることや、どうすれば所有できるようになるのかを相談することも必要かもしれませんね。だって、数十年先にも年金なんてあるのでしょうか？　少なくとも十分にあてにできるほどではないように思いますが、いかがでしょうか。

第4話　家って耐久消費財？

友人　：家って耐久消費財じゃないのかな。
あなた：どうしたの。いきなり？
友人　：いやねっ、建物の価値って年々下がっていくわけでしょ？　車の価値が中古になって下がっていくみたいに。
あなた：そうだよね〜。
友人　：でも、ある資料を見てみると、家は耐久消費財には入らないって書いてあったよ。
あなた：あっ、それ見たことあるよ。でも、それは単に統計上の問題ではないのかな？　消費税のかかり方の点で他国と比較すると、明らかに耐久消費財だという説もあるみたいだよ。

友人　：どういうこと？
あなた：詳しくは分からないけど、日本に存在するさまざまな資産をいくつかに分類する際に、家という資産をどの分野に振り分けますかっていうだけのことだと思うんだけどね。
友人　：ふ～んっ。
あなた：でも大切なことはそこではなくて、「あなたは家をどのような資産として考えますか？」っていうことじゃないかな。
友人　：どういうこと？
あなた：車を例にとると、たとえば僕は車を消費財としか思えないから、過不足なく動けばいいわけで、必要以上の高級車に乗るつもりはまったくない。だけど、車好きな人にとっては「車は耐久消費財だ」なんて言ったら叱られることになるんだよね～。だって、車に対する思い入れが違うから。
友人　：ふんふん。
あなた：家も同じように消費財という感覚の強い人は、お金が余っているのでなければ、決して高級志向にはならないと思うよ。逆に家に対する思い入れが強い人は、「せっかく建てるのだから、できるだけ良いもの（高級なもの）を」っていう思いが強くなるんじゃないかな。
友人　：なるほど。
あなた：でも、結果的には法定耐用年数っていう基準があって、その基準に則って家の価値を下げていくのだから、やはり耐久消費財だと思っているほうが、自分の資産管理上は無難なような気がするんだけどね。
友人　：法定耐用年数って……なに？
あなた：それはまた別のお話。（92ページ）

＊　＊　＊　＊

「家に対する資産としての認識の仕方」で建てることへのこだわりが違ってくるのは、設計者として普段から肌で感じています。あなたも、ご自身がどのようなタイプかを考えてみては？　意外とご自分の性格を再発見できるかもしれませんよ。そして、その性格や考え方に沿った家づくりを初めから目指したほうが、ストレスもなく満足のいく計画に早く到達するかもしれません。

第5話　高額になる設計と経済性のある設計

奥さん：ねえねえ、家って経済性にも優れていなければだめだよね。
あなた：それって、建設費用に関してのことなの？　それとも建設後のランニングコストに関してのこと？

奥さん：ん〜っ。とりあえずは、建設費用に関して。

あなた：ならば、初期費用つまりイニシャルコストに関して、建物の形状に着目したことを例にとって話をするね。ただしその前提としては、使用する材料はどの設計においても同じだということと、構造も統一して木造住宅だとしておくよ。なぜって、何もかも異なる基準で設計の話を進めると、「どこを取って経済性が高い設計だと言えるのか」という論点が見えにくくなってくるからね。経済的設計テクニック、と言い切ってしまうと少し語弊があるけど、とりあえずここでは、その前提であくまでも設計時点での経済性だとして話を聞いてね。好みや使い勝手は、別次元の話だからね。

奥さん：うんうん。

あなた：じゃあ、まずはひとつ質問だけど、「格好の良い」建物と「普通の見かけ」の建物では、どっちが好ましい？

奥さん：そりゃ〜、格好の良いほうに決まっているよね。

あなた：僕もそう思う。では、平面図的にデコボコした計画と、ただの長方形の計画ではどちらが格好良くなると思う？　あくまでも一般的に。

奥さん：……。それは……デコボコしたほうが……。

あなた：では、建設後において、立面的につまり外観で、デコボコした形とただの四角い箱では、どちらが格好良いと思う？　あくまでも一般的に。
奥さん：それは……デコボコしたほうが……。
あなた：だよね。
奥さん：なんだか誘導尋問を受けているみたい……。
あなた：そのようなつもりはないんだけど。じゃあ質問を変えて、同じ設計士さんが設計をする場合において、取ってつけたようにデコボコした平面形の設計と、きちんと長方形に収まる設計では、設計としてどちらが難しいと思う？　あくまでも一般的に考えてだけど。
奥さん：それは……きちんと長方形に収まるほうでしょうね。
あなた：でも……デコボコしているほうが見た目は格好が良いように思うでしょ？　もちろん使い勝手に関しては別の話だけどね。
奥さん：私の質問に答えてる？
あなた：もちろんさ。じゃあ図を描くから見てよ（図1）。

図1　四角形の組み合わせ

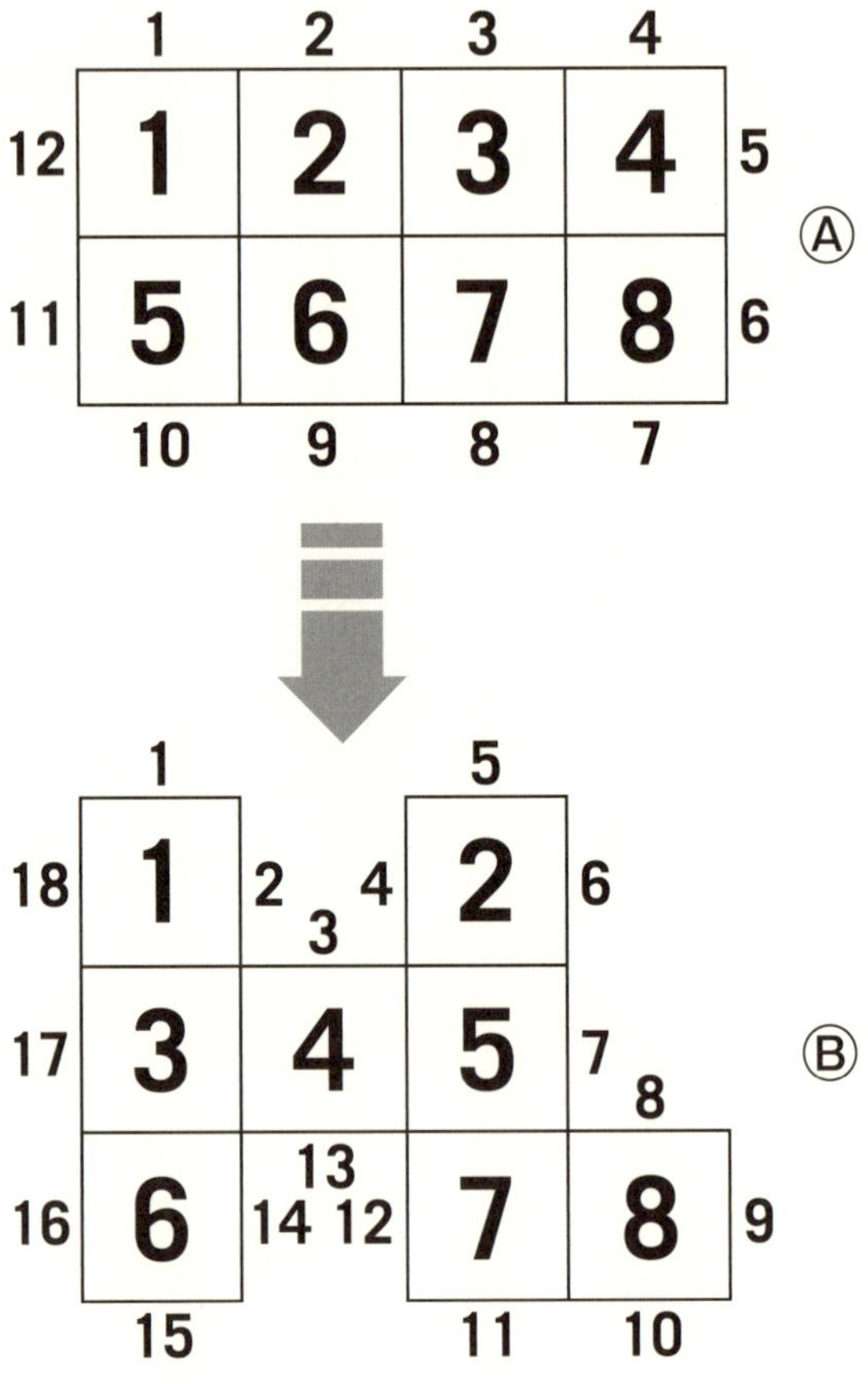

四角形の数はどちらも８個なのに、辺の数は12⇒18へ！　つまり５割増しということです。これは即ち外壁の面積が５割増えたということになりますよね。

奥さん：なになに？
あなた：AもBも同じ大きさの正方形を組み合わせて設計された家だと考えてね。すると見て分かるように、その正方形の数を数えてみれば、AとBは同じ大きさ（面積）だということになるね。
奥さん：そういうことになるわね。
あなた：ということは、今までの話からすると使い勝手の件は別問題として、この時点ではたぶんデコボコしたほうが格好良い建物になるのだろうな〜っていう予測になるわけさ。
奥さん：そういうことになるわね〜。
あなた：じゃあ次に外壁の長さを数えてみようか。
奥さん：外壁の長さ？
あなた：要するに、この四角形の集まりは家なのだから、外周の辺数を数えれば外壁の長さを数えたということになるでしょ。
奥さん：あっ！　なるほど〜。
あなた：どう？
奥さん：あれ〜っ？……同じ面積なのに外周の長さが違うっ！
あなた：でしょっ！　ということは外壁の面積が異なるわけだから、建物全体の価格に反映されてくるのは当然だよね。つまり平面計画も経済性に関わってくるということさ。ついでながら、外気に面する面積が大きいわけだから、熱損失も大きくなるのは当然だよね。

奥さん：え〜〜っ！　じゃあ、格好の良い建物を選ぶと、何もかも不経済な建物を選ぶってことになってしまうじゃないっ！

あなた：怒らないでよ（笑）。これはほんのひとつの例なんだから。好みや使い勝手は別次元だっていうことは、最初っからの大前提じゃないか。つまり以前にも話したように、そのあたりもきちんと理解できていれば問題ないわけさ。もちろん僕だって経済性が全てに優先されるなんて思ってはいないからね。

奥さん：他にもまだまだあるってわけね？　憧れの家に対する夢が壊れてしまいそうだから、もう他は聞かないほうがいいかも。

あなた：そうかもね。でも業界全体として比較検討しにくく、分かりにくくしているっていう話はしたよね？……だから君も住宅業界の思うツボにはまりかけているってことかもよ。

奥さん：え〜〜!!　そんなのはイヤだっ！

あなた：だから怒らないでって（笑）。だって僕は君の質問にきちんと答えているだけだし、いつもフェアな立場で分かりやすく話しているつもりだよ。

奥さん：それはそうなんだけど……言ってることも「なるほど〜」って理解できたけど……、ウザ〜っ！

あなた：……（優しく微笑む）。

「家選び」は、やはりトータルバランスで考えるべきでしょうね。経済性もそうですし、見た目も重要ですよね。もっと言えば、癒されない家の存在価値は低いと思われますし、大切な家族を「より安全に守れる家」ほど、評価は高くなるはずです。ところが、最近の家選びの選択基準は「いかがなものか」と思われる部分に誘導されているような雰囲気すら感じてしまうこともあります。

前に触れた「子育て期間のための家づくり」というキャッチコピーがその一例です。「子育て期間」のためだけの「短期満足的家づくり」が本当に求められることなのでしょうか。もちろん、子育てが終われればその家がダメになると言っているわけではありません。しかし、そのほんわかとしたキャッチコピーに母性と父性をくすぐられて、家選びをしている方もいらっしゃるわけでしょう。

＊　＊　＊　＊

私の設計者としての確信をお話ししますと、「当初10年間が90点で、それ以降が70点の設計」よりは、「生涯80点の設計」のほうが優れていると思っています。もちろんこの考えを押しつけるつもりはありませんし、点数をつけることも無理があるでしょう。しかし、短絡的な判断にはならないように、十分気をつけてくださいね。

第6話　住宅業界は家選びを比較検討しにくくしているのか？

奥さん：家選びってやはり経済性が一番なのかな〜？

あなた：そんなことはないよ。見た目も大切だろうし、気密性や断熱性、それに何といっても頑丈な建物かどうか、長持ちするかどうかもとても重要じゃないかな。つまり家選びには多面性があるし、家庭ごとに事情も異なるからね。だからここでの話が家選びの全てだとは思わないでね。なぜって、最初から満足できないと思える計画に対して大金をつぎ込む必要はないだろうし、オールオアナッシングではないってことさ。きちんとした資金計画を念頭に置いて、しっかりと設計士さんと話を煮詰めて、総合的な判断をイメージしながら進めていくことが重要だと思うよ。ただしその話し相手が営業マンだったら、もしかすると気をつける必要があるかもね。

奥さん：どうして？

あなた：営業マンも自社建物の知識だけは一応一通りは持っていると思うけど、えてして営業マンって、お客さんの借り入れ可能限度額つまり、いくらまでお金を借りることができるかを念頭に、できるだけ多くのお金を使わせようとする傾向にあるそうだからね。
奥さん：どうして？
あなた：受注高が営業成績になり、ボーナスに反映されるのだったら、その数字を伸ばすことが会社のためであるのと同時に、営業マン自身のためでしょ？　だから営業マンにとって受注金額はとても重要なんだよ。
奥さん：そんなこと考えながら住宅営業ってやってるの？
あなた：それを悪いことばかりにとってはダメだよ。なぜならば、たとえばグレードを上げることは、建物にそれなりの付加価値を与えるわけだし、お客さんが満足してお金を出すのであれば、悪いわけではないかもしれないでしょ？
奥さん：釈然とはしないけど、言われてみればそうかもしれないわね〜。
あなた：「家は営業マンで選ぶ」っていう考え方もあるようだし、間違ってはいないかもしれないね。でもその考え方を裏返せば「どの建物を選んでも大して変わらないから、親身になってくれる営業マンのところで建てたらどうですか」ということに他ならないよね。「その思想」のもとに営業マンはお客さんの信頼、信用を勝ち得ることに努力するし、お客さんと仲良くなろうともするわけさ。
奥さん：そっか〜っ。結局はどの家も大して変わらないんだ……。
あなた：いやいや、その部分で納得しちゃダメだよ。そうではなくて現在の家選びにおいては、各ハウスメーカーや工務店を含めた住宅業界全体が、「家というもの」を単純に比較検討できにくくしたほうが都合がいいから、営業マンに対する教育方針も当然そうなるし、営業マン本人も当然そうなれるように頑張るよね。

奥さん：なぜ、そのほうが都合がいいの？

あなた：車には性能表みたいなものがあるじゃない？　あのように単純に数値や金額だけで他社の製品とも比べることができるようになってしまうと、車よりも高額な家選びって、営業者の手腕が発揮できにくくなってしまうでしょ？　営業力のある工務店さんは「比較検討されにくい土俵の上」で、営業力で勝負したいわけさ。

奥さん：それはダメなことなの？

あなた：ダメじゃないさ。でも、そうしたほうが単純に値引き合戦になりにくいでしょ？　少々高くても営業マンの営業力で「ですからこのお値段にもご納得いただけるはずですっ！」って流れのほうが、利益を出しやすいように思わない？　さらにはCMをバンバンやって経費がたくさんかかる工務店は価格的に不利じゃない？

奥さん：どうして？

あなた：だってCMの費用も全ては受注した契約金額から支払っているんだもの。CMをやっている会社の建物に性能を合わせて、CMをせずにその分、安く建てる工務店のほうが安く売れるでしょ、まったく同じ建物であれば。まさか君は、会社の名前に引かれて……ブランド名とイメージCMだけで家選びをするようなことはしないよね？
奥さん：まさかっ！
あなた：よかったよ。君が「CMやチラシでよく目にする会社だから、少々高くてもそれは安心料よっ！」なんて言い出さなくて（笑）。でも、結果的には、住宅業界は「自分に都合のいいこと」しか教えてくれないからこそ、しっかりと比較検討する目を持つことが必要なんだとは思わない？
奥さん：なるほど～。

＊　＊　＊　＊

本書では詳しくは説明しませんが、住宅業界では極めて比較検討されにくいシステムが、結果的にでき上がってしまっているように感じます。それらはたとえば、施工面積や底引き網集客法、本体坪単価、本体価格、オプション吊上げ方式、モジュール、坪面積表示、平方メートル表示……。これらは全て、比較検討されにくいように利用されている可能性があります。でもそれをダメだとは言えません。ダメだという法的根拠がないからです。ですから、きちんと比較する〝目〟を持つか、相談できる専門家を探すことです。まずは上記の内容を詳しく説明してくれない工務店は、避けたほうがいいかもしれません。

第7話　建物の強さについて　その1

奥さん：ねえねえ、やはり家は頑丈でなければだめだよね〜。

あなた：そのほうが好ましいことは間違いないと思うよ。でもね、女性の口からまず「頑丈さ」の言葉が出るのは珍しいみたいだよ。

奥さん：どうして？

あなた：単なる傾向みたいだけど、ＣＭ見ていれば分かるでしょ？「どのような方向性」をもってＣＭをやっているか。事実、接客している立場からすると、女性はまず「子育てのため」「癒し」「ほんわかしたイメージ」みたいなところが気になるみたいで、「鉄筋コンクリート住宅」って聞いただけで、堅苦しく冷たいイメージが植えつけられているみたいなんだって。

奥さん：女性ってイメージ広告に踊らされやすいのかな〜？

あなた：それを女性の立場で言う（笑）？

奥さん：でもやはり家族を守れるように、強くて頑丈であってほしいよね。

あなた：一般的には、そこは当然オマケとして付いてくるものだという希望的観測があるんじゃないかな～。

奥さん：強さ・頑丈さって、家族の安全安心につながることだよ！　そんなことで良いわけないじゃない っ!!

あなた：僕に怒らないでよ（汗）。家選びの際の女性の一般的思考傾向について聞いた話をしているんだから（笑）。

奥さん：そりゃまあ、そーね（照）。

あなた：じゃあ改めて聞くけど、君の言う強さって、何に対しての強さのこと？

奥さん：……えっ？

＊　＊　＊　＊

「何に対する強さか？」って聞かれると、ＣＭで目にする地震に対する強さを実験で示している映像が思い浮かぶことと思います。でも、あれって本当に実態を表しているのでしょうか？　私はあのような実験に立ち会ったことはないのですが、建物の内部にはリビングにテーブルと椅子を置いているくらいですよね？　そしてお決まりのように「揺れ具合がよく分かるような」ペンダントタイプの照明（笑）。しかし実際にはタンスや書棚、ピアノなどが地震の際には「暴れ回る」のではないでしょうか。

建築基準法上では、住宅の居室の床の構造計算用として、１平方メートル、つまり、１メートル×1メートルの範囲に180キロの荷物や人が荷重として載っていると想定して計算することを、通常は求められています。（後述しますが4号建物では無視されることが多いかもしれません）。この荷重は1平方メートルに体重60キロの人が3人ずつ立っているイメージです。6畳の部屋ですとおよそ10平方メートルですから、体重60キロの人が30人立っている計算になります。ところが実験では……。

実験をする以上、この要件を満たしていなければ、評価の価値が低いように感じませんか？詳しくはあなたがそのメーカーさんに確認してください。もちろん私も素人を装って展示場で何度か質問をしたことがありますが、答えは返ってきませんでした。そのような回答しにくい質問をすると「どのようにはぐらかされるか」は、本書を読み進めていくとどこかに出てきます（笑）。

第8話　建物の強さについて　その2

友人　：ちょっと教えてよ。
あなた：いきなり何？
友人　：建物に求める強さって、いくつも種類があるのかな。

あなた：今度はどこで仕入れてきた情報？
友人　：実はね、先日、本屋さんで立ち読みしていて時間がなくなったんで途中でやめになったんだけど、住宅の強さにも、何に対する強さを求めるのかによって、対応が異なるっていうようなことを書いていたようだからさ……。
あなた：へ〜っ！　そんな本が出てた？　珍しいことを書く人がいるもんだね。
友人　：珍しいの？
あなた：だって、僕はそんな本を目にしたことがないから。きっと変わり者なんだろうね、その人（笑）。普通の住宅を手掛けている人ならば、「地震に強い」ってところだけで、それ以外の強さって言ったって、話題に上ってくるところじゃないでしょ？
友人　：そりゃそ〜だっ！　著者の名前は思い出せないけど……まぁ〜それはいいや。で、どうなの？
あなた：逆に君は何に対する強さをイメージしているの？
友人　：やはり地震……じゃないの？
あなた：……それだけ？
友人　：えっ!?　他にもあるかな。
あなた：たとえば、竜巻や台風みたいな強烈な風。最近ではダウンバーストなんていう、聞きなれない単語も出てきたりするよね。
友人　：あ〜〜っ！　他には？

あなた：地震によって引き起こされる事象かもしれないけど、結果的には意味合いはまったく違う津波に対しての強さとか、力という意味合いでは津波と似ているけど、ハンドル操作を誤った車が突っ込んできた場合に対する強さや、土砂崩れ・鉄砲水なんかもそうじゃない？

友人　：あ〜〜っ！　確かに、地震に対する強さと少し意味合いが違うよね。なんて言ったっけ、地震力は？

あなた：慣性力。（※慣性力については135ページの文章と、162ページ図3、166ページの文章を参照）

友人　：それっ！　そうだそうだ！　まだ他にもあるの？

あなた：火災に対する強さもそうでしょ？　自宅から出火する可能性も否定はできないし、お隣からの出火の際にも、火炎に対して強い家と弱い家では当然ながら差が出るよね。

友人　：あ〜〜なるほど。でも、もうそれくらいでしょ？

あなた：もうひとつ言ってもいい？

友人　：えっ！　まだあるの？　なになに？

あなた：計測はしにくいけど、時の流れに対する強さ。

友人　：どういうことよ？　それ。

あなた：簡単に言えば、その建物はどれくらいの間、資産として長持ちしますかっていうことなんだけど、法定耐用年数という基準で決められているよ。

友人　：あ～っ。建物の価値が減少していく計算方法のことね。
あなた：そうそう。（92ページ参照）
友人　：強さっていうことだけでも、いろいろな指標があるもんだね～っ！

＊　＊　＊　＊

建物の強さを、画一的に慣性力、つまりは地震力への抵抗力ととらえてしまうのは、おそらくは間違っていると思います。でもさまざまにあるハウスメーカーや住宅系の団体においても、声を大にして訴えているのは、残念ながら地震に対する強さ、もしくは一般的に4号特例（一定規模以下の建物で建築確認の審査を一部省略する規定であり、一般的規模の木造住宅はほぼ全数該当すると思われます）と呼ばれる特例の廃止に関してのみのようです。しかし今後も何度か出てきますが、4号特例を完全廃止したとしても、土砂災害や津波被害に対する被害件数にはあまり影響を及ぼさないと思いますし、住宅の建て替えサイクルの延長にも同様な気がします。だからどうするか……。もしくはその先を考える必要はないのか。答えは本書を読み終えてあなたが得た確信の中にあるはずです。

第9話　建物の強さについて　その3

友人　：「省令準耐火」っていうのを聞いたけど、どういうことなのかな。

あなた：おっ！　本気で家を建てることを考え始めた？　実は僕も詳しくは知らないんだけど、たぶん何かの業界団体が一般的な木造住宅と差別化を図るために、お役所に働きかけてつくらせた防火に関する基準だと思うけどな〜。

友人　：その基準を満足させるとどうなるの？

あなた：たぶんだけど、金利が若干安くなったり火災保険料が安くなったりするんじゃないのかな？

友人　：素晴らしいじゃない。

あなた：個人的な意見だけど、それを素晴らしいと思うのであれば、鉄筋コンクリート造にしたほうがいいと思うよ。

友人　：あ〜っ、例の鉄筋コンクリート住宅のことだね。

あなた：そうそう。

友人　：具体的に何か面白い例はあるの？

あなた：少しグロテスクな話になるけど、知り合いの消防士さんで鉄筋コンクリート住宅（ＲＣ住宅）を建てた人がいるんだ。その決定的な理由……聞きたい？
友人　：もちろん。教えてよっ！
あなた：それがね、消防士さんという仕事柄、当然火災現場に出動するんだけれど、木造住宅の火災現場で亡くなられている方は大抵、男女の区別も年齢も見た目では判断がつかないようになっているんだって。ところが、鉄筋コンクリートのマンション火災の際には、亡くなられていてもご遺体がきれいな場合が多いらしいんだよ。
友人　：……？　木造住宅の場合は想像がつくけど……マンション火災の場合はどうして？
あなた：鉄筋コンクリート構造って、構造自体が燃えないでしょ？
友人　：うん。マンションが一棟まるまる燃え落ちたっていう話は日本ではあまり聞いたことがないように思うよね。
あなた：だろ～。なぜならば、建物全体が燃えやすい木造住宅に比べて、鉄筋コンクリート造では内装材や家具が燃えるだけのことが多いから、不幸にしてお亡くなりになったとしても、死因は焼死ではなくて一酸化炭素中毒死が多いらしいんだ。
友人　：燃えない構造体だから、火に包まれての焼死ではなくて一酸化炭素で……か。
あなた：そういうことらしい。それで、その消防士さんは、もしも不運にも自分が火災で死ぬとしても、絶対に焼死は嫌だっていう思いで、鉄筋コンクリート住宅を選んだらしいよ。

友人　：なるほど……消防士さんならではの発想だよね〜っ。でも、その消防士さんは資産家なんでしょ？
あなた：どうして？
友人　：だって、近くの工務店さんでは木造と同等価格でRC造を建ててくれるところなんてないでしょ？
あなた：何の工夫もしなければね。
友人　：えっ!?　何か方法があるの？　教えてよ。
あなた：君が信頼できる工務店さんに、それができるノウハウを導入してもらえば。詳しくはまたの機会にね。
友人　：絶対教えてよ〜っ！
あなた：あっ！　おまけに、燃えにくい構造ほど火災保険料が安くなっていることは説明しなくても分かるよね。鉄筋コンクリートのように燃えない構造だと、保険料は半分以下にもなるらしいよ。

＊　＊　＊　＊

法律が成立するまでの経緯というのはいろいろとあると思いますが、さまざまな業界団体からの陳情や圧力によって、成立していくケースも多いのでしょうね。もちろんそれが悪いと言っているのではありません。族議員と呼ばれる議員さんの存在が、良いことなのか悪いことなのか。それは民意の反映なのか。しかし、今回の省令準耐火の件につきましては、鉄筋コンクリート住宅を木造と同等価格にするために葛藤している者からすれば、「小手先のごまかし」のように思えてしまいます。木造を火に強くする差別化を図る基準をつくるのであれば、「鉄筋コンクリート造へ誘導」したほうが、手っ取り早く確実なのですが。

でも、その設計・施工技術を持つ工務店さんの数は極めて少ないので、決してそうはならないでしょう。だからこそ、限られた少数の方だけが運よくそこに至るのだと確信しています。そして本書を読み続けてくれているあなたも、運の良い方の一人なのかもしれませんね。

ちなみに本書を手に取ったあなたが「運がいいと思える」のは、

1・家賃生活から無理なく木造一戸建てを手に入れる道を見つけ、決断ができること

2・木造と同等価格のRC住宅の存在に気づき、その取得に至る道を見つけること

のいずれか、かもしれませんね。私の考えとしましては、自然災害が激しさを増し多発化する近年にあったとしても、アパート脱出のための格安の木造住宅は必要不可欠ですし、通常の木造住宅と同等価格のRC住宅も同様です。しかし、通常価格帯の木造住宅に私はあまり必要性を感じません。なぜならば、同等価格帯であれば間違いなくRC造をおすすめしたいからです。個人的意見ですが私の技術的確信に基づいた意見だとご理解ください。しかし、だからこそ様々なプロの意見を聞き吟味することが重要にもなるのだとは思いませんか？

第10話　建物の強さについて　その4

友人　：木造の建物では、必要とされるその強さが地震よりも風によって決まることがあるって聞いたけど、本当にそうなのかな～。

あなた：木造や軽量鉄骨造のように軽い建物ではよくあることらしいよ。

友人　：そうなんだ～。

あなた：そんなことまで気にするようになったんだね～。簡単に言うと、木造住宅では縦方向と横方向からの力に対して「慣性力（地震）に対して大丈夫か」「強風に対して大丈夫か」を調べる簡単なチェック方法があるらしいよ。

友人　：ってことは、地震力に対してはセーフだけど、台風に対してはアウトっていう結果が出ることがあるの？

あなた：そうみたいだね。ただし、良心的ではない工務店さんでは、そのチェックさえもしていないところもあるらしいから気をつけてね。

友人　：え～～!?　そうなんだ！

あなた：住宅展示場での質問として、「御社では構造に関して建築基準法からどれくらいの安全率を考えていますか？」って質問も有効かもしれないね。
友人　：どういう答えならばセーフ？
あなた：たとえば……「構造計算の結果ですから一概には言えませんが、風もしくは地震力からの要求値のうち、大きいほうの要求値から5割アップを基準としています」などと言ってくれる工務店さんならば、構造に関してはもう後は任せても大丈夫かもしれないね。ただし、気をつけてほしいのは、5割アップだからOKなのかどうか。そこはそれぞれの判断だよ。
友人　：なるほど……。では、ダメな工務店さんは？
あなた：聞かれている意味が分からないようだとダメだろうね。
友人　：そんな工務店さんはいないでしょ～～っ！
あなた：そうかな……（ニヤリ）。
友人　：えっ!?

＊　＊　＊　＊

何度も出てきますが、「4号特例」と一般的に呼ばれている特例に関して、その廃止を叫び続けている団体もいくつか知っています。その人々は極めて真摯に「4号特例というものが木造住宅に及ぼす悪影響」に警鐘を鳴らしているわけです。しかし、その方々の努力を遠くから見ていると、逆にその特例を笠に着て、合法的に（？）いい加減な木造住宅を建てている工務店が、少なからず存在するのであろうことが想像できます。

あなたも、木造住宅を選択されるのであれば、「4号特例に対してどのような考えか」を質問しておくことは重要かもしれませんね。大きな吹き抜けや奇抜な形状であったとしても、4号建物の範疇であれば、構造的チェックがおろそかなまま許可が下りてしまう可能性があるかもしれないからです。この吹き抜けの安全性は、構造計算によって確認していただいていますよね？と言った時、根拠なく「ご心配なく」とごまかされる可能性も含まれていますのでご用心を。

第11話　建物の強さについて　その5

友人　：この前話題に出ていた、時の流れに対しての強さってことについて、もう少し詳しく教えてよ。

あなた：あ〜っ、あのことね。その前に念を押しておくけど、木造の法隆寺が千年以上も建っているっていうような異次元の話を、ここで持ち出さないでよね。

友人　：どういうこと？

あなた：たとえばね、前提として突然の地震で壊れてしまったり、火災で燃え落ちてしまうようなことがないとすれば、どのような構造であったとしても必要に応じて必要なだけのメンテナンスをしていれば、何千年でも長持ちしますってことだよ。つまり、どのような家であっても必要な有償メンテナンスを繰り返すことが前提であれば、千年保証でもできますよってこと。

友人　：なるほど、そりゃそうだ。メンテナンス費用はお客さん持ちっていうことなんだから、工務店さんも安心して保証できるよね〜。

あなた：それとは別で、あることを前提として、国の税制上の基準として法定耐用年数っていうものがあるんだ。建物の長持ち具合を一定の尺度で決めているわけさ。そしてそれを基にして、固定資産税が決まるんだ。

友人　：もう少し詳しく。

あなた：同じ構造であったとしても、その詳細内容によって若干の差があるんだけど、木造では20年前後、鉄骨造では30年前後、鉄筋コンクリート造は47年というように決まっているみたいだよ。

友人　：結局どういうこと？

あなた：分かりやすいように、Aさんが木造で、Bさんが鉄骨造で、Cさんが鉄筋コンクリート造で、どれも同じ2000万円の家を建てたとするね。

友人　：うんうん。

あなた：そこにザックリと法定耐用年数を適用するよ。
あなた：木造の法定耐用年数を20年とすれば、（２０００万円／20年）＝１００万円となり、その木造住宅は毎年１００万円ずつ建物の価値が減っていくと考え、その残存価値に対して固定資産税をかけるわけさ。
友人　：なるほど。ということは、鉄骨造の場合（２０００万円／30年）で、67万円ずつ毎年価値が減るってことか。すると鉄筋コンクリート造（ＲＣ造）の場合は同様にして（２０００万円／47年）で、43万円ずつしか建物の価値が減っていかない計算になるわけだね。
あなた：さすがっ。
友人　：ということは、20年経ったら木造住宅の価値はなくなってしまうのに、鉄筋コンクリート造の価値はまだ半分以上残っているってことじゃないの？
あなた：あくまでも税制上のことだけど、そういうことになるよね。ただし、残存価値は０円にはならないからね。
友人　：どうして？
あなた：せっかく建物が存在しているんだから、お役所とすれば、固定資産税を取り続けようとするからさ。
友人　：なるほど～。でも、そういうことになれば、木造は固定資産税が年ごとにどんどん安くなっていくけれど、鉄筋コンクリート造は固定資産税の年ごとの目減り量が少ないってことになるよね？
あなた：そういうことになるね。
友人　：ということは、木造のほうがお得じゃないの？
あなた：それを主張する専門家の意見も聞いたことがあるよ。
友人　：ってことは、そうじゃない意見もあるってことでしょ？　もったいぶらないで早く教えてよ。
あなた：じゃあ聞くけど、同じ２０００万円で購入した家の価値が、一方は20年でなくなるのに対して、一方は47年もあるってことだよ。あくまでも税制上のことだけど。……本当に早く価値がなくなるほうが好ましいと思うの？　さらには、火災保険料は以前話したように、RC造は木造の半分以下になることが多いようだし、20年後に売却を検討するとすれば、税制的にであったとしても、木造の価値は０円に近づいているのに、RC造はまだ半分以上の価値が残っているってことだよ。本当に木造のほうがお得かな～。でも、こんな話を木造の住宅営業マンがしてくれると思う？　絶対にしないよねっ？　だって、せっかく目の前に来てくれているお客さんを、単に悩ますだけのことにしかならないもの。それに、そのあたりのことを聞かれると想定すらしていないだろうしね。なぜなら、「木造住宅ではどこでも同じ」なのだから、わざわざ説明する必要はないし、きっと知識として身につけておく意味もない、と考えているんじゃないかな。
友人　：……で、でもそれは、仮に木造と鉄筋コンクリート造が同じ価格だった場合にだけ言える

「鉄筋コンクリート造が圧勝」みたいに思えるだけのことじゃないっ!!

あなた：(ニヤッ) その通りだよ。同じ価格の鉄筋コンクリート造を建てればいいだけのことさ。それにしても、僕の収入からすれば、ハウスメーカーさんはとってもお高いのに、「ブランド力」っていうのはすごいよね。

友人　：あ〜っ！　確かにその通りだよな〜っ。

あなた：ちなみにまた改めて話すけど、3号建築物と位置づけられるRC造住宅は、4号建築物と位置づけられる木造住宅よりも厳しい規定があるから、設計士さんもまずは設計上の手抜きをしにくいらしいよ。

友人　：なんだか木造が負けたようで悔しい！

あなた：そんなことはないよ。そこも理解したうえで、それ以上の価値を木造に見つけられれば、木造を選択すればいいだけさ。今回の質問は、時の流れに対する強さについてだったでしょ？

友人　：あ〜、そうだった。

あなた：少なくとも、どのような側面からそれを判断するかは別にしても、税制上の「時の流れに対する強さ」についての優劣は分かってもらえたよね。でも、この手の話を木造系の建築営業マンは自ら決して話さないし、知識も持ってはいないかもしれないね。

友人　：そうだろうね。ここまで説明されると、値段が同じなら鉄筋コンクリート造を選ぶような気がするな。あれっ?!　じゃあなぜ、工務店さんは鉄筋コンクリート造を売ろうとしないのさ。

あなた…じゃあ、その話は次に。
友人　…頭が混乱してきたしね（汗）。

＊　＊　＊　＊

建物の価値が早くなくなるほうが良いのか、長く残るほうが好ましいのかを、あなたは悩みますか？　私はどのように考えても、長持ちする家のほうが正解にしか思えないのですが。

あくまでも税法上の問題ではありません。でも、同じ２０００万円で買った家の価値が木造では20年でなくなるのに、鉄筋コンクリート造では20年後にはまだ、半分以上も残っているんですよ。途中で急きょ売却を考えるようになった際には、どう思うでしょうね。

私は住宅を明確に「資産価値」として考えるべきだという立場に立っていますから、考えの異なるプロの方とはこの部分においては議論の余地がないのかもしれません。しかし、その知識を得たうえでなお、「それでも木造だ」という一般の建築主さんであれば、その気持ちを変えさせようとは思いません。その方にとってはそれが確実な正解なのだと思うからです。

第12話　なぜ木造住宅が最も一般的なの？

奥さん：ねえねえ、なぜ住宅は木造が最も一般的なのかな。
あなた：日本にとっては最もふさわしい構造だからじゃないの？
奥さん：面倒くさがらずにちゃんと答えてよっ！
あなた：えっ!?　だって君自身がその方向で〝木造擁護的な返答〟を望んでいるんじゃなかったの？
奥さん：私はいつも公平な立場で、きちんと比較検討したいと思っているわよっ！
あなた：あ〜、そうなんだ。それは失礼。では、個人的な僕の考えを言うね。でも、それに関しては、いろいろな人からさまざまな意見を聞いて、きちんと自分で判断することが大事だということも、君はちゃんと理解していると思っていいんだよね。
奥さん：も……もちろんよ。だからあなたの個人的意見を伺うわっ！
あなた：なぜ木造が最も一般的かっていう話だったよね。
奥さん：ええ。
あなた：答えは同じ。古来日本では、最もふさわしい構造だったから。

奥さん：答えになってないじゃないっ！
あなた：いやいや、本当にそうなんだって。なぜならば、古来日本では構造材として入手するには木が最も身近にあったのさ。だって他に思い浮かぶ？
奥さん：そう言われてみればそうね。そして今でもそうよ～。
あなた：だろ～っ！　でも現在では、実際には外来の木材もたくさん輸入されているようだけれどもね。それに、国内の林業発展と山や森林を維持管理していくためにも国策として、木造を推奨する必要もあるわけさ。でも、木造住宅の基礎の構造は？　って話になると、現実的には鉄筋コンクリートでなければダメだってことになるんだけれどもね。
奥さん：では、なぜビルも木造を推奨しないのかな～。
あなた：木造の超高層ビルって……安心して中に入れる？　もしも1階で火災になったら2階から上にいる人はどうなると思う？　そもそも木造で超高層ビルが可能だと思う？
（※特殊な研究や規制緩和により、少しずつ大規模建築が木造で可能になりつつはあるようです）
奥さん：そりゃ～、そうだよね。
あなた：別の側面で考えるよ。
奥さん：うん。
あなた：昔から木造建築があるのだから、大工さんを含めて木造の技術者さんはたくさんいるわけさ。

ところが鉄筋コンクリート造はおそらく、明治以降本格的に導入された新しい技術なんだよね。そしてその技術は大規模建築物に対して主として利用されてきたってこと。だから、比較的大手企業さんはRC造を手掛けることができるけれども、そういう会社は住宅のような小さな物件には手を出そうとはしないからね。

奥さん：そりゃ～、大手さんは大きな建物のほうがいいでしょうね。

あなた：そうなるよね。それに、鉄筋コンクリート造の設計って木造に比べると、なにかと面倒くさいらしいんだよね。というよりも、本当は木造の設計だってすごく難しいんだけれど、木造住宅規模の設計審査内容をRC造と同等に面倒くさくしてしまうと、住宅の設計ができそうな工務店さんが随分と少なくなってしまう懸念があるそうなんだ。考えてみれば古来、木造住宅って実際には勘と経験で大工さんが設計していた分野だものね。

奥さん：あぁ～。だから4号特例ってものが必要とされるわけか。

あなた：そう。でもね、一般的な木造住宅規模の建物の構造に関するフォローをしておくとね、勘と経験だけではだめだから、今ではきちんとした基準もつくられているそうだよ。簡単な構造チェックリストのようなものとしてだけど。それに昔ながらの腕の良い棟梁がいなくても家が建てられるように、金物で部材を接合することが一般的になってきたのさ。だからこそプレカット技術（コンピューター制御で木材を加工する技術）も急速に進歩しているんだよ。そういったわけで、木造といったって構造材が木なだけであって、昔ながらの木造住宅なんて最近ではほとんど建っていないのが現状じゃないかな。
奥さん：フォローになってな〜いっ！（笑）でも、そんなに違うの？　昔の木造と今の木造と。
あなた：いろいろな意見があるとは思うけど、古来の木造住宅を「木造」と呼ぶのであれば、今の一般的な木造住宅は「主要構造部材を木材とする金物接合工法」みたいな名称にするべきじゃないかと思うよ。
奥さん：そうなんだ〜。ちなみになぜ、構造によって設計が難しかったり、そうでなかったりするの？
あなた：着工棟数の多い木造住宅で設計審査内容を難しくしてしまうと、設計にもその審査にも時間と費用が多くかかるだろ。国策としてはそれを経済的損失と考えている節もあるみたいだね。でもね、建築基準法上で「木造は設計を簡単にして良い」となっているわけではなくて、どの構造にも厳密な構造計算基準が存在しているんだ。でも一般的な規模の木造住宅であれば「あれやこれやそれ」なんかは、確認申請時に提出する設計図書においては、添付しなくてもいいことになっているそうなんだ。
　これまでにも何度か出てきたけれど、一般的にはそれを「4号特例」って呼ぶらしいよ。そしてその特例の中のひとつが構造計算に関することらしいんだ。でも厳密にいえば、設計図書としての添付義務がなくても、設計士はそれをちゃんと確認しておかなければならないんだって。でも設計審査においては審査対象ではないから、それらに関する設計図面の提出の義務がないってことみたい。だから、きちんとはしていない工務店や設計事務所では構造の安全性に関する確認がいい加減になってしまうことがあるかもしれないらしいんだよ。ちなみに、要求されてはいない部分まで検討し、図面をきちんと書いていても、審査機関によっては、「それは審査対象ではないのでファイルから外してください」って言うらしいよ。

奥さん：へ〜っ？　最初は何の話だったっけ？

あなた：なぜ木造が最も一般的なのか……。

奥さん：なんとなく分かった気がする。結果的には鉄筋コンクリートのような少し面倒くさい設計申請は、普段からRC造の設計に慣れている工務店や設計事務所でないと、なかなか難しいし、設計能力の高い大手さんは小さな仕事をしたがらない。国の都合があったりもして。

あなた：もうひとつ言えば、「家を建てようと思っている人たち」の選択肢の中に入っていないよね？鉄筋コンクリート造（RC造）が。ハウスメーカーの鉄骨造は入っているのにね（笑）。

奥さん：だって、RC造はお金持ちが建てるものだとしか考えられていないからじゃないの。

あなた：だからこそ同等価格ならば、絶対に選択肢に入ってくるよね（笑）。だって、随分高くてもハウスメーカーさんの規格化された鉄骨住宅は選択肢の一つだもの。結局は、きちんと比較検討をすることが必要なんじゃないかな〜。君のように公平な立場で、公正な目で。

奥さん：……。そうねっ！

*　*　*　*

一般的に言って、鉄筋コンクリート造（RC造）が住宅選びの選択肢に入っていることは、極めて少ないと思います。なぜならば、そこには、RC住宅はお金持ちが建てる住宅だという認識が強くあるからではないでしょうか。でも裏を返せば、RC住宅は素晴らしい建物なのだと認識しているということにもなりますよね？　少なくとも私は、お金持ちのための豪邸RC住宅を目指してはいません。だからといって、安っぽい手抜きのRC住宅を目指しているつもりもありません。資金的な具合によっては、木造と同等価格帯の建物の一選択肢として、おすすめしています。ついでにお話ししますと、とにかく安く住宅を取得しようと思えば、木造です。私の中での木造住宅の位置づけは、安く建てるためには最も優れた構造だということなのです。

第13話　結局は何のために家を持つのか？

友人　：結局……家って何のために持つんだろうね〜。
あなた：あれっ！　今日は少し気持ちが折れかけてる？
友人　：分かる？　ちょっと面倒くさくなってきちゃってさ……（照）。
あなた：それだったら、いったん白紙に戻して頭をすっきりさせたら？

友人　：お前と話していると楽だよ。無理やり引っ張っていこうとしないから。
あなた：僕は君をどこへ引っ張っていっても何の得にもならないからね（笑）。
友人　：そうなんだよな〜。最近休みのたびに住宅展示場へ行くんだけれど、どのハウスメーカーへ行っても似たような話ではあるんだけど、なんだか自分のところに都合よくすり替えられた、違う話をされてるように感じるんだよな〜。
あなた：そして家に押しかけてきて資料をたくさん置いていき、次の約束をさせられるんだろ？
友人　：程度に差はあるけど、そんな感じだわ。はぁ〜っ。結局、誰を信じればいいんだろうね。
あなた：いったん頭を冷やしたら、これから言うことを検討してみてよ。
1・家を建てて、今の生活より何を良くしたいのか、優先順位をつける
2・家計から判断して、いくらくらいまでなら住宅ローンを無理なく払えそうか
3・今の生活よりも悪くなっても我慢できることは何なのか、これも優先順位をつけてみる
4・その計画に家族も同意してくれるかどうかを確認する。
家族の同意は必要だよ。子どもだって、小さいからと言ってなめてちゃダメだよ。結構重要なことを言うことがあるから（笑）。
友人　：基本の「き」みたいな話に戻っちゃったね。
あなた：でも実のところは、本気で建てる気になっているからこそ、最近はしつこいようにいろいろと質問をしてくるわけでしょ？　でも、あちこちの住宅メーカーで話を聞いていると、みん

ながが自分の都合のいいようにしか話をしない。それで少し混乱してるって感じでしょ？　真面目な人に多いみたいだよ、そうなるのは。

友人　：うん。俺って結構、真面目な小心者だから（笑）。

あなた：分かっているのならば問題ないけど（笑）。でも、さっき話したゴール、つまり家を建てる目的をもう一度考えてみようよ。いくら素敵な提案をしてもらったって、ローン地獄に陥るような計画は、愚の骨頂だからね。それと、住宅営業マンは「君にとって」の住宅ローンの借り入れ限界まで借りさせることが評価につながるのだから、少しは分かってあげてよ。向こうにも生活がかかっているからね（笑）。

友人　：あ〜っ！　初めからそのように割り切って話を聞いて、こっちで内容を吟味してコントロールできるようにすればいいことなんだっ！　少し気分が楽になってきた。そうか、それに俺は小心者だけど、真面目な性格なんだ〜。

あなた：そこかよ（笑）。

＊　＊　＊　＊

家を建てたいあなたには、「あなたの都合」があるように、住宅営業マンには「住宅営業マンの都合」があります。いい人ぶってばかりはいられないのが、私を含めた関係者全員の本心でしょうね。でもそのような下心を見破られずに対応ができて、良い人だと思い込ませることができる営業マンが、成績の良い営業マンなのかもしれませんね。

ただし知っておかねばならないのは、本当に良い人も、営業成績を社内審査されているということです。少なくともあなたの懐具合に関する部分に対してだけは、営業マンの意見を鵜呑みにするのではなく、きちんと判断することをおすすめします。住宅ローン地獄に足を踏み入れないために。

Chapter. 3

構造に関する会話集

第1話　住宅ではどのような構造が選択肢としてあるの？

友人　：住宅を計画する場合に、構造の面から考えると選択肢ってどんなものがあるのか教えてよ。
あなた：じゃあ、逆にどんな構造があるのか、知っているだけ挙げてみてよ。
友人　：木造……鉄筋…… ハウスメーカー？
あなた：さすが、ドンピシャなところを突いてくるよね～っ（笑）。
友人　：えっ!?
あなた：「木造」は、いいよ。でも、「鉄筋」っていうのはあくまでも鉄でできた建築資材のことだし、「鉄骨」との区別がついていないね。災害報告の報道番組などでもリポーターが、鉄筋と鉄骨の区別がつかないままにリポートしているのはよく耳にするしね。そして、ハウスメーカーは住宅を供給する会社のことだよ。
友人　：な～んとなく、おかしいんだろうなとは思いながら、口にしてしまったんだけれどもね。
あなた：だろうね（笑）。
友人　：じゃあ正解を教えてよ。

あなた：住宅規模、つまり小規模建築での話だということは分かってよ。それを前提としていえば、「木造」「軽量鉄骨造」「重量鉄骨造」「鉄筋コンクリート造」「組積造《そせきぞう》」くらいだと思うな。

友人　：もっと他にもいろいろあるの？

あなた：大規模建築物向きの構造を言えば、もっとたくさんあるみたいだよ。それに木造と言ったって、その中に在来の軸組工法や2×4（ツーバイフォー）、最近では木質ラーメン工法なんかもあるし、鉄筋コンクリート造の中にもラーメン構造や壁式構造もある。そしてそのそれぞれが、「現場打ち」と「プレキャスト」に分かれるし、さらには……この先はもういっか？　そして重量鉄骨造は住宅規模だと「ラーメン構造」だけだろうね。

友人　：……ラーメン？

あなた：ドイツ語らしいよ。Rahmen って書くんだって。その特徴としては、縦部材である柱と、横部材である梁の接合部分が、ドアの蝶番のようには回転せずに、力が加わっても「接点が直角を保つ」と仮定される構造らしい。

友人　：？？？？

あなた：だよね。このあたりは僕みたいな建築オタクかプロの知識範囲みたい。ところがね、実際にはプロの中にも知らない人のほうが多いように感じるよ。展示場に行って話をしていていつも思うもの。「この人、プロなのに僕より建築のこと知らないや」って。でも構造・工法を体系的に分類するとなると、結構意見が分かれるような気がするな～。

友人　：？？？？　へ～っ。ところで組積造《そせきぞう》って何？
あなた：あ～、日本ではブロック造だと思っておけばいいんじゃないかな。
友人　：日本では？
あなた：石やレンガを積み上げてつくる家も見たことがあるんじゃないかな？　ピラミッドは住宅ではないけど、石積みだろ。エスキモー……いやイヌイットって呼ばなきゃいけないのかな？　彼らは氷のかたまりを積み上げて家をつくるだろ。僕は住宅においてはあまりおすすめしないけどね。でも、その場その場で調達しやすい材料を家づくりに使用するってのは、地域が変わっても結局は同じことなんだろうね。
友人　：だから日本では昔から木を使ってきたんだね。
あなた：そういうこと。だからといって現在でも、木造が最もふさわしいのかどうかは別だよ。だって技術が進歩して、鉄筋コンクリート造が開発された。しかも日本ではコンクリートの元となるセメントの原料である石灰石の自給率は１００％らしいよ。ただし日本の石灰石は質が高いから、さまざまに利用されるそうだけどね。
友人　：ところで、セメントとコンクリートってどう違うの？
あなた：あ～っ、いい質問！　石灰石を加工してできたのがセメントで、セメント袋に入っている粉の状態のものだよ。それに水を加えて練り混ぜるとセメントペースト、それに細骨材つまり砂が加わればモルタル、さらに粗骨材つまり石が加わればコンクリートってことになるよ。

友人　‥へ〜っ。……で、結局は木造と鉄骨造と鉄筋コンクリート造をマークしておけばいいのかな？

あなた‥当初の質問はそこだったね。

＊　＊　＊　＊

これまでの経験から言って「住宅選びの選択肢」に、鉄筋コンクリート造（ＲＣ造）が最初から入っていることは稀です。いかに鉄筋コンクリート造が「お金持ちの建物」だと認識されているかということでしょうし、住宅規模のＲＣ造を自ら手掛けようとする工務店がいかに少ないかということでもあると思われます。最近までは本当にそうだったのかもしれません。

しかし、自然災害が多発化している現在において家づくりを目指すあなたは、きちんとそのあたりまで比較検討ができるようになるべきではないでしょうか。そして本書を最後まで読んでいただければ、一般的な木造住宅しか選択肢に入っていなかったあなたの視野が確実に広がることと思います。そのうえで木造住宅を選ぶのであれば、それがあなたにとっての大正解なのだと思うのです。つまり木造住宅を選ぶ理由が、〝一般的にそうだから〟ですか、それとも〝きちんと比較検討したから〟ですかと問われた際に、明確に後者だと答えられた方がより正しいと思うのです。

第2話　それぞれの構造の特徴は？

友人　：構造に関してそれぞれの特徴を教えてよ。

あなた：おっ！　なんだか本気になってきたみたいだね。ただし、表現の仕方によっては悪意的に思われる部分があるかもしれないけど、そういうつもりはないってことは分かってよ。それに僕自身とすれば、住宅規模では鉄筋コンクリート造が最も好ましいと思っているのは知っての通りだけど、それを前提としても、他構造の悪口を言うつもりはないからね。じゃあ木造からね。

友人　：うん。

あなた：住宅規模の木造の特徴を良くも悪くも箇条書きにすれば、

1・材料が手に入りやすい
2・建物が軽い
3・構造材がシロアリ被害にあう可能性がある
4・構造材が腐朽菌の被害にあう可能性がある

5・最近ではプレカットが一般化したので大工さんの腕にかかわらず加工が安定している
6・使用する樹種によっては強度に差が出る
7・構造材が火に弱い
8・火災保険料が比較的高い傾向にある
9・日本においては最も一般的な構造である
10・設計審査基準が最もゆるい
11・木の家だから癒されるのかどうかに関してはCMによって刷り込まれている感がある
12・女性が好むCMをつくりやすい
13・柔構造であるので幹線道路沿いなどでは揺れやすい
14・軽い構造であるので積載荷重、つまり家財道具の影響を受けやすい
15・最近の高気密・高断熱化では、工務店さんの能力によっては壁体内結露が懸念される
16・最近ではRC造に似せたキュービックな、勾配屋根の見えにくい建物がはやっている
17・法定耐用年数が最も短い
18・防音に関してはかなり低いレベルで限界がある

パッと思いつくのはこれくらいかな。ただし在来軸組み工法と、2×4工法によっては若干異なる部分があるけれど。あっ！　軽量鉄骨造も似たような感じだと思うよ。特に構造的な意味合いでは。

友人　：へ～っ！　ところで、壁体内結露って？
あなた：技術が発達した現在においてはさまざまな解釈と見解があるようだけど、兼好法師の徒然草には「家は夏を旨とすべし」とあるんだ。僕はこの部分を「木造住宅を長持ちさせたければ、じめじめする梅雨から夏の期間には、通気が良い建物にしなさい」という意味だと考えているし、木造住宅のためにはまったくその通りだとも思ってる。つまり、徒然草のそのくだりを現代風に、かつ僕なりに読み解くと「中途半端な断熱をすると壁の内部で結露が発生するから、かえって建物が長持ちしないよ」ってことさ。そのあたりは工務店さんの知識と管理能力によってずいぶん変わってくると思うよ。つまり、短期的な断熱性能が必ずしもその建物の長持ちの指標になるとは限らないってことさ。
友人　：……。壁体内結露に関しては、また改めて質問するね（汗）。
あなた：……だね（笑）。
友人　：気になったのは、防音に関してかなり低いレベルで限界が……、ってところなんだけど、どういうことかな？
あなた：あ～っ！　木造住宅って、2階を歩き回る足音が1階でよく聞こえるとは思わない？　ドスドスって。お金をかけて防止することもできるんだろうけど、通常の工法だとなかなか難しいみたいだよ。それよりも、そのような音がする事が普通だと思っている部分もあるみたいだから、工務店さんもそのあたりに関しては説明上も触れないよね。僕が、木造は絶対に二世帯住宅には向いていないって思っているのも、このような上下階の遮音性の低さが理由のひとつなんだよね。

友人　：どういうこと？

あなた：二世帯住宅に住み始めると、初めのうちは、おじいちゃんもおばあちゃんもうれしいわけさ。2階でドタバタ聞こえる孫たちの足音さえも、「元気が良くていいね～」って思うらしいんだよね。ところが一週間もすると、それまでは二人の静かな生活だったのに、2階の住人の生活音が騒音のように思えてくるみたいだよ。アパート暮らしと同じように。かわいいはずの孫が、だんだんと憎たらしくなってきたって話を聞いたことがあるもの。

友人　：悲しい現実だよな～……。じゃあ、気を取り直して、重量鉄骨造に関しては？

あなた：同様にして言えば、

1・設計の自由度が高い
2・大きな空間がつくりやすい
3・構造材が火災には弱い
4・柔構造であるので木造程ではないにしろ揺れやすい
5・2階建てになると、3号建物になるので、きっちりと設計チェックの要求を受ける
6・設計によっては防水処理に問題が発生する可能性がある
7・間仕切りの変更に対応しやすい

8・構造材に錆が発生する可能性がある
9・基本的に外壁は非構造体である
10・防火地域にも対応しやすい
11・建物の重さは一般的な構造の中では中間くらい
12・鉄骨造のことを鉄筋コンクリート造だと思っている人が結構な割合で存在する
13・ハウスメーカーの中には住宅を規格化・工業化するためにこの分野を採用している会社もある

急に言われれば、こんなところかな。

友人：それじゃあ、鉄筋コンクリート造つまりRC造は？（在来工法についてのお話です）

あなた：1・建物が重い
2・建物が重いからこそ結果的に自重に耐えるために頑丈な建物になる
3・建物が重いからこそ他の構造と異なり、計算上は強風の影響を無視できる
4・工期が他構造に比べて長くなりがち
5・放射線、電磁波、音波などからの遮蔽性能が高い
6・熱容量が大きな構造体である
7・構造体が他構造に比べて火災時の熱に強い
8・他の構造と比較すると火災保険料が安い

9・法定耐用年数が長い
10・階ごとに構造的つなぎ目がないシームレス構造である
11・シームレス構造だから高気密、高断熱化しやすい
12・2階建てになると（確実に）3号建物になるから設計基準も現場審査も厳しい
13・施工者の管理能力によってでき上がりに差が出る可能性がある
14・遮蔽性能の高さから建物内部ではラジオが入りにくい
15・屋上緑化が可能である
16・土砂災害や津波に対しては他構造と比べて最も安全である
17・戸建て住宅としては最も認知度が低い
18・設計から施工まで自社内部で一貫して行える工務店さんが極めて少ない
19・大手建設会社は手を出したがらないニッチな分野
20・お金持ちの建物だと妄信的に思われていることが多い
21・やはり一般的にはお金持ちの建物

ってところかな。

友人　：なんだか、ＲＣ造に肩入れしすぎてない？
あなた：やはりそう思われるよね。でもね、僕にとってはこれが確信だからこそ、住宅には鉄筋コンクリート造が最も好ましい構造だと判断するしかないんだよな～。一般的な木造住宅と同等

価格で施工可能であれば、が大前提だけれどもね。
友人　：なるほど。
あなた：納得してもらえたかな？　不審に思う部分は、次に行く住宅展示場でプロの人に確認してみてね。
友人　：これまでの展示場への訪問経験から言って、誰も答えられないと思うけどな〜。
あなた：かもね（笑）。でも、こういった質問にきちんと対応してくれる工務店さんを見つけるべきだとも思うけどね。ごまかさずに「きちんと」だよ（笑）。

＊　＊　＊　＊

営業マンの方々は、自社物件の特徴に関しては十分ご存知の方が多いようです。しかし、建築全体や他社物件の話を向けると、チンプンカンプンなごまかしトークになってしまったり、悪口のようになってしまうことも多いように感じます。これは、私自身が展示場を訪問してセールストークを受けた経験から、そう思います。

第3話　剛構造と柔構造

友人　：剛構造と柔構造って、どういうこと？　その説明をどこの展示場で建築営業マンに聞いても、なんだか話をはぐらかされているように思うんだよね。

あなた：おっ！　いいところに気がついたみたいだね。「ちなみにお客様はどうしてそれが気になるのですか？」という具合に切り返されたんじゃないの？

友人　：え〜〜っ！　どうして分かるの？

あなた：それって営業マン教育の定石らしいよ。そう質問し返すことによって、まずは営業マン自身が「分かりません」と言わなくて済むでしょ。次にそのように質問し返すようにすれば、相手にしゃべらせることができて会話が途切れない。つまり、質問の裏にある本心を探ることができる。そうすれば、その話題に関して知っているのに知識を見せびらかしたい客なのか、本当にそこを知りたいのかが分かる。そしてその具合によって会話を自分に有利に誘導し、その知識がないにもかかわらず、「さすが」と思わせることができるっていうところみたいだね。

友人　：そんな誘導ができるの？

あなた：具体的には、剛構造か柔構造かってことが話題であれば、質問し返して相手にしゃべらせるよう誘導することによって、「剛構造か柔構造かなんて大した問題ではないでしょ？　そんな枝葉のことを問題にするよりも、家族の幸せな暮らしについて心配するほうが重要ですよ」ってことに話題をすり替えるわけさ。

友人　：あ〜っ！　その通りだったよ。……やられた〜っ！

あなた：そのように「切り返し質問」（１９５ページに詳述）をしてくる営業マンに対して、少し意地悪く反応するのであれば、話題に乗せられないように「私の気持ちではなく、技術的な説明を聞きたいんです」って言えばいいよ。いろいろな質問に対して「切り返し質問」をしてくる工務店さんや営業マンは、根本的な建築技術に関する知識が乏しいってことが分かるよね。

友人　：……会話テクニックに乗せられたのか……。

あなた：で、剛構造と柔構造だったよね。この問題は住宅規模ではあまり問題視されないと思うのだけれど、簡単に言ってしまえば、剛構造っていうのは部材や部材同士の接合部分の硬さ、強さによって、外力、基本的には地震力という慣性力に耐えようとする構造で、結果的に重たい構造になってしまう。それに対して柔構造っていうのは、逆に部材や部材同士の接合部分がある程度柔らかくて、その変形能力によって地震エネルギーを吸収するという考え方みたいで、結果的に建物も軽くなるみたいだね。

友人　：？……うん。

あなた：柔道では「柔よく剛を制す」なんて言葉があるから、それを引用して柔構造が好ましいって言う人もいるようだよ。高層ビルになってくるほど、建物を軽くしなければならないから結果的にその通りなんだけど、逆に住宅規模だと「軽い建物」であり、建物が「自ら揺れることで振動エネルギーを吸収する」ということが優れた特徴部分であるからこそ、前の道路を大型車が走ったり、特に道路のデコボコでバウンドしたりすると、家ごと揺れやすくなるみたいだね。だから振動障害で悩まされる家も出てくるってわけさ。つまり、揺れてエネルギーを吸収するという優れた構造的能力がアダとなって、ダンプカーの通行で揺れたり台風の際に〝しなり〟を感じたりすることもあるみたいだよ。

友人　：なるほどね〜。住宅展示場では、はぐらかされて住宅営業マンのペースで誘導されていたんだっていうことが、よく分かったよ。

あなた：木造住宅をやっていると、目の前の知識だけで話をまとめてしまうことができやすいみたいなんだよね。

友人　：どうして？

あなた：だって、住宅では木造が最も一般的な建物なんだから、営業マンのスタンスとしても、皆さんあまり難しく考えずに決めていますよ。それが普通なんですから。お客さんもあまりごちゃごちゃ考えなくっていいんじゃないですかって発想から、さっきの切り返し質問で逃げ切る営業スタイルが主流になるんじゃないの？　それに対して鉄骨系の住宅メーカーさんは、新技術をアピールしたがるよね。でも結果的には癒し、安らぎ、なんてところに誘導している気がするけど。要するにどうであっても工務店側は奥さんのハートをつかまなければ、受注は難しいってところなんだと思うよ。

友人　…じゃあRC造はどうなのよ。

あなた…基本的に宣伝広告が下手みたい。だから、傾向的には旦那さんの意見が比較的強くて「家は大切な家族を守るためにあるんだ」って思いが前面に出るほど、いろいろ比較検討することになり、RC造にたどり着く人もいるってところじゃないのかな。

友人　…その傾向って、営業的にはどうなのかな～。

あなた…だよね～っ（笑）。

＊　＊　＊　＊

柔構造か剛構造か、特に気にならなければ考える必要はないかもしれません。しかし、軽い建物であればあるほどその建物に住む人（住人）の重さは大きな影響を持つようになります。イメージしてみてください。2階を歩く人の足音。ドンドンドンって聞こえてきませんか？　ハウスメーカーさんでは最近対応をしているところもあるようですが、一般的な工務店さんではいかがでしょうか？　軽いベニヤの上を歩く場合と、重いコンクリート床の上を歩く場合、音や振動が異なることはイメージできますよね？　同様にして、前の道路を大型車が走り去る際に、デコボコでバウンドしたら……。そのイメージはいかがでしょう？

第4話　シームレス構造

友人　：シームレス構造っていうのを耳にしたんだけど、どういうこと？

あなた：すごいことを耳にしてくるね～っ！　そんなことにまで言及している人はあまりいないと思うんだけどな～。

友人　：もしかすると、お前が言ってたのかな～（大笑）？　どっちでもいいけど教えてよっ！

あなた：シームレスっていうのは、つなぎ目がないっていうこと。たとえばゴム手袋や長靴なんかはつなぎ目のないものが多いと思われるよね？　だって、つなぎ目があれば水が入ってくる恐れが高くなるからね。それと同様で、建築においては構造材というパーツを組み合わせていく構造なのか、構造体としてつなぎ目がなく一体になっているのかということを区別する言葉として使われていると思うよ。

友人　：で、その代表格が鉄筋コンクリート造だということ？

あなた：そういうこと。もちろん建物の場合は、各階ごとにシームレスっていうことなんだけど、さっきも言ったように、他の構造が部材を組み立てていく、つまり、つないでつくるのに対して、鉄筋コンクリート造は階ごとに鉄筋を組み立てた後にそれを型枠と呼ばれるベニヤで囲って、一気にコンクリートを流し込む工法だから、構造的には各階の床ごとにしかつなぎ目がないっていうことになるみたいなんだよね。

友人　：それで何か利点があるのかな〜？

あなた：まずはつなぎ目がない（極めて少ない）のだから、基本的には他構造のようにパーツの接続部分で発生する不具合っていうものが随分減少するでしょ？

友人　：そりゃ〜、そういうことになるだろうね〜。

あなた：それに気密性、つまり建物の中にすきま風が入る、入りやすさを考えた時にどちらのほうがすきま風対策として有利だと思う？　結果的にそれは熱の出入りのしやすさ、つまり断熱性能への対応のしやすさにもつながるのは容易に判断がつくよね〜っ。

友人　：なるほど〜。つなぎ目のある構造と、つなぎ目がない構造か……。なるほどね〜。家一軒建てるにしても、考えることがたくさんあるよね。

＊　＊　＊　＊

シームレスであるかどうか、この件について、建築資材である防水材や断熱材に関しては見たことがありますが、建物本体に関して話題になっているのを私は見たことがありません。建物全体としては、話題となるような必要性がこれまではなかったからでしょうね。しかしながら、その点において優劣が発生する可能性があれば、積極的に話をしなければならないとは思いませんか？　これから先の住宅のあり方としては。

第5話　高気密・高断熱って？

友人　：気密性とか断熱性っていうのは、どのように理解したらいいのかな〜。
あなた：「気密性が低い」というと悪いことのように聞こえるけど、それを別の言い方にするとどのような言葉が適切だと思う？
友人　：ん？　そんな言い回しがあるの？
あなた：「気密性が低い」というのは、あちこちに隙間があってすきま風が入ってきますよ、っていうことになると思うんだ。でもこれは言い方を変えれば「通気性が良い」ってことになるよね。同様にして「気密性が高い」ってことは、「通気性が悪い」っていうことだとは思わない？

だから、つなぎ目のない構造は気密性を確保しやすいし、つなぎ目だらけの構造は気密性に関していえば施工しにくいし、管理も難しい。したがって、施工ミスなどによって局部的な欠損ができやすいのは理解できるでしょ？　そして気密性が低いということは空気の流れとともに熱も出入りしてしまうから、当然ながら断熱性能も落ちてしまうよね。

友人　：それは道理だよね。気密性能と断熱性能は、ある程度はセットで考える必要があるんだろうね。

あなた：そう思うよ。もちろんすきま風がまったくなくても、熱の出入りはあるのだけれどもね。そして施工ミスなどによって、局部的に気密性や断熱性に関する欠損ができてしまうと、壁の内部で結露が始まってしまうかもしれない。このような理由から発生する現象を「壁体内結露」って呼んでいるみたいだよ。

友人　：施工の雑な工務店や知識の乏しい大工さんが施工してしまうと、かなりヤバいんじゃないの？

あなた：その通りだと思うけれど、これから問題点として表面化してくる「瑕疵《かし》現象」ではないかなと思うよ。ただし、それが明確に瑕疵として判断されるかどうかは、微妙かもしれないけどな。

友人　：どうして？

あなた：もしかすると、状況によってはそれを証明するのが難しい場合が考えられそうな気がするからさ。

友人　：たとえば？

あなた：うん。たとえば、断熱材は通常、木材よりもずいぶん断熱性能が高いんだけれども、柱と柱の厚みの間に詰め込んでいく断熱方法（図2）だと、断熱性能の低い木材部分が「ヒートブリッジ」とか「熱橋」と呼ばれる熱欠損部になってしまう可能性があるんだ。しかも、それは断熱性能の高い断熱材を詰め込むほどその傾向が顕著になるよね。ところがその部分を建物全体からの「熱損失」として計算上は考える基準もあるようなんだけど、ヒートブリッジとしては「目をつぶっている」ように思うんだよね。イメージとしては「林を見て木を見ず」みたいな。

友人　：あ〜っ、なんとなくお役所的「表向きの仕組み」としては理解できる気がするよ。

あなた：結果的に断熱材充塡部分の高断熱性がアダとなって、断熱性の低い柱自体で結露が始まってしまうかもしれないってことなんだ。

友人　：それってすぐに発見できるのかな〜。

あなた：それが壁の内部でのことだから、なかなか発見されにくいだろうし、発見したとしても瑕疵担保期間が切れた後、っていうことになった時にはね〜。お気の毒としか言いようがないんじゃないのかな。

＊　　＊　　＊　　＊

図２　外周壁における断熱材の詳細図面（一例）

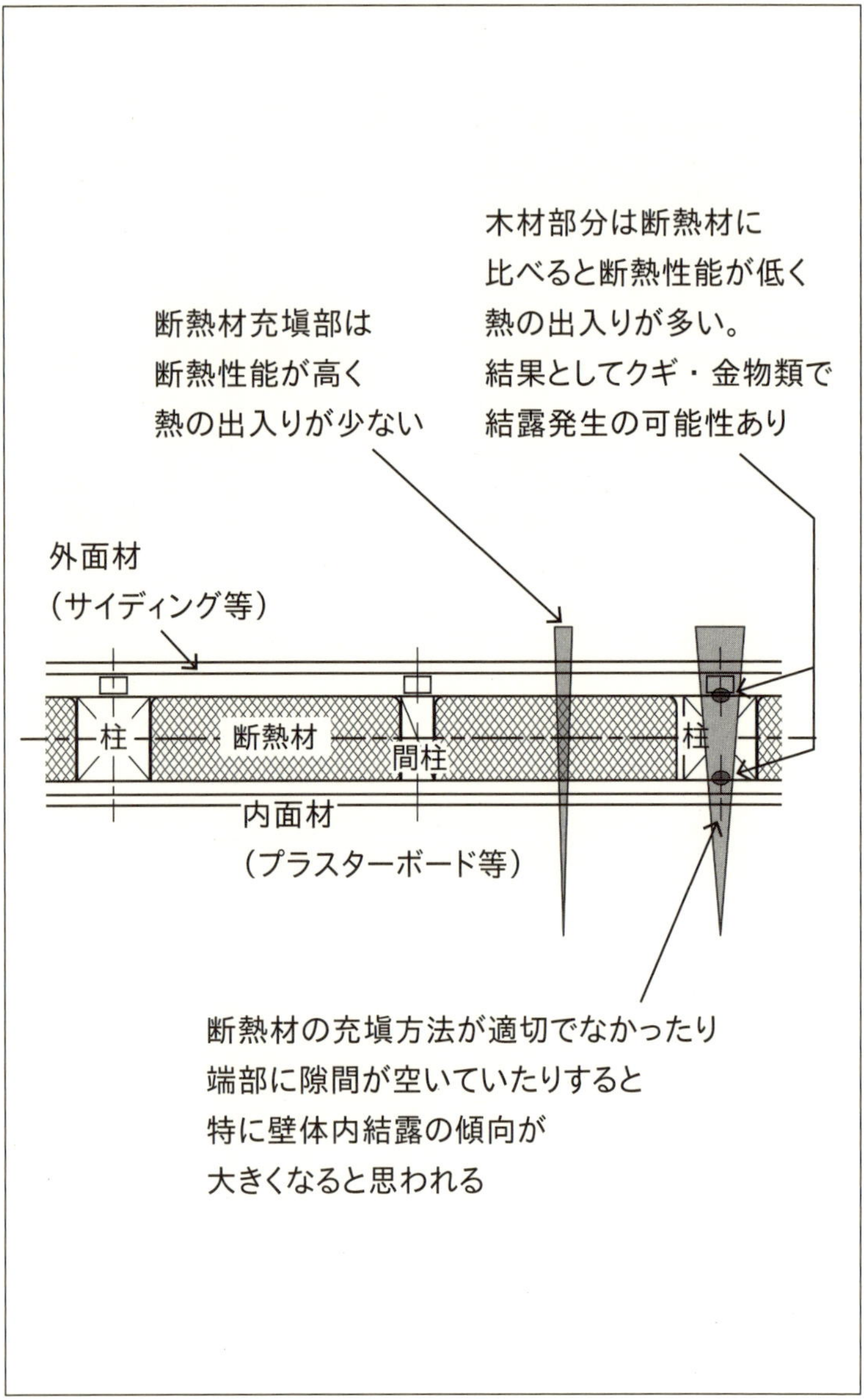

「壁体内結露」は、すぐに発現する事象かどうかは明言できないように思います。もしかすると、極めて寒い日だけに年数回しか発生しないかもしれませんから。そのような環境下で柱が腐朽したりカビが発生したとしても、その被害は目につかない壁内部で発生することですから、目視できるようになるまでには10年以上経過した後かもしれません。ですから瑕疵担保責任の範囲と言えるのかどうかが微妙な気がするのです。もちろん雨漏りによる腐朽であれば、漏水として発現も早いでしょうから、発見も早いでしょう。また、壁体内結露に関しては地域性にも左右されることですので、惑わされずに、十分質問をされることをおすすめいたします。

第6話　遮蔽性能って？

友人　：遮蔽《しゃへい》性能って何なの？

あなた：たとえば、放射線は直進性や透過性が高いとされているらしいんだ。だから遮蔽性能が低い建物の中にいると、家や人体までも突き抜けていってしまうということみたいだね。じゃあ木造はどうなのか、ＲＣ造はどうなのかっていう話になるよね？

友人　：そりゃそうだよ。

あなた：たとえば、病院でレントゲン（正しくはX線と呼ぶらしい）撮影をする際のX線室を思い出してよ。外気に面する窓はないし、出入り口も重たい鉄の扉だったと思わない？
友人：そう言われてみれば……そうだね。
あなた：人体に悪影響を及ぼす放射線を扱うX線室をつくるには、構造的な基準があって、一般的な方法としては、鉄筋コンクリート造で部屋を囲ってしまうか、部屋を鉛の板で囲ってしまうか、らしいよ。ちなみにレントゲン技師さんがのぞいている窓があるよね。
友人：あ〜、はいはい。見ながら動きを指示してくれるよね。
あなた：そうそう。あのガラスには鉛が混入されているそうで、鉛入りガラスっていう、とても高額なガラスなんだって。
友人：へ〜っ、そうなんだ〜。
あなた：遮蔽性能って材料の密度によって変わってくる部分があるみたいなんだよね。密度が高くて重たい材料のほうが、なにかと通過しにくいようなイメージはできないかな。振動にしても、音にしても、電波にしても。実際にはRC住宅の中央部分に行くと、ラジオの電波は入りにくいらしいよ。でもあまり携帯電話の電波には影響しないみたいだね。その違いは電波の回折性、つまり回り込みやすさによるんだろうね。
友人：っていうことは、高圧電線の近くや原発の近くでは、木造住宅に住んでいて大丈夫なのかな？
あなた：そこまで心配する必要があるかどうか、もしくは過敏に考えるかどうかは、それぞれ個人的な判断だと思うよ。だって、高圧線や原発も近隣住民に影響がないように設計基準があるんだろうと思うし、ガラスは木造でもRC造でも一般的には同じものだろ。家選びにおける選択基準がそれぞれであるように、今の君の質問は土地選びの際の選択基準になるんじゃないの？　だって建物の構造がどうであれ、一歩外に出れば外部は同じ環境だもの。僕が言った範囲での遮蔽性能って、構造部材としての性能だと思ってくれた方がいいかもね。それに、そこまで気にするタイプの人であれば、土地探しの時点からそのような土地は敬遠されるんじゃないかな。

友人　：なるほど。でも……、部材に関してだけであったとしても、遮蔽性能って低いよりも高いほうが確実にいいんじゃないの？

あなた：少なくとも僕はそう思っているよ。でも信頼できるプロの建築技術者さんのセカンドオピニオンも聞いてみてね。「病院のX線室はどのような基準で作るのですか？」「RC造の建物の中でラジオが入りにくいのはなぜですか？」「建物の遮蔽性能についてどのようにお考えですか？」って。あ〜っ！　またいつか説明するけど、このような質問は〝切り返し質問〟で、簡単に手玉に取られてしまいそうだけどな〜。

＊　＊　＊　＊

建物内部で発生する音に関しては、反射を繰り返す間に減衰させてしまう遮蔽と、さらに積極的に有孔《ゆうこう》ボード（小さな穴の開いた板）などを利用して減衰させてしまうやり方があるようですが、このあたりは詳しくありません。ただし、ＲＣ造では構造材である鉄筋コンクリートで、反射つまり音を跳ね返す能力を持ちつつ、吹付け断熱材や仕上げ材で吸収して反響時間を抑えているのだと思います。ですからコンクリートがむき出し（打ち放し）の建物では、室内に音を吸収しそうな家具が少なければ残響時間がとても長いはずです。それは室内で手をパンッ！　と叩いてみれば実感できると思います。しかし著者は打ち放しを仕上げ方法として推奨いたしてはおりません（音の問題ではない）が、見た目には〝かっこいい〟と思っています。

「音環境」を研究されているところでは、「無響室」という部屋もあります。著者も学生の頃に入ったことがありますが、少し異様です。もしも、楽器を演奏する部屋やカラオケルームをお考えの際には、音環境に関する検討が必要だろうとは思います。

ここでは、いろいろなことに対する遮蔽性能という検討課題があることを認識していただいたつもりです。ただしこの分野は建築においても専門性が高い分野になりますので、必要と思われればそのつど、詳しい説明を求めてください。

第7話　防蟻剤

奥さん：ねえねえ、防蟻剤《ぼうぎざい》ってシロアリを予防するための薬？
あなた：そうだけど、いきなりどうしたの？
奥さん：「癒される家」っていう宣伝文句をよく耳にするけど、シロアリさえも寄せつけないような薬を定期的にまかないといけないとなると、そこに癒しなんてあるのかなって思えてきてね。ついでに言えば、「子供を育てる期間のための家」なんて言っている工務店が、シロアリも住めないような家で、本当に子育てを推奨できるのかな～って思ってさ。
あなた：へ～っ！　そんなところにまで思い至るようになったんだ（驚）。
奥さん：なによっ！　その上から目線の言い方はっ！
あなた：ごめんごめん。でもね、よく勉強しているんだな～と思ってさ。
奥さん：やっぱり上からものを言ってる！
あなた：そんなつもりはないんだけど……。あっ！　あのね、防蟻剤（シロアリ防除剤）って昔は猛毒のヒ素が使用されていたらしいんだよね。だから人体にも好ましいはずはなかったわけさ。

ところが「毒物入りカレー事件」っていうのがあったのを覚えてる?
奥さん：うん。あったあった。
あなた：あの際にはカレーの中に防蟻剤、つまりシロアリ防除剤が混入されたみたいなんだよね。それからしばらくして防蟻剤には、ヒ素を使ってはいけなくなったみたいだよ。でもそれによって防蟻効果は落ちたっていう話も聞いたことがあるけどね。
奥さん：以前は猛毒のヒ素を、一般家庭でも床下にまいてたってこと?
あなた：そう。平成10年のその事件以前はね。
奥さん：今使用している薬は大丈夫なの?
あなた：そこはよく分からない。ホームセンターなんかでも防蟻剤を売っているけど、「換気を十分に」とか「取り扱いには十分注意を」って書いているものね。僕は根本的にはそれってシロアリも「寄せつけない薬」だと判断しているから、人体にはよくないはずだと思っているんだ。だから、それ以上のことを調べてみるつもりにもなれない。
奥さん：あらっ?　珍しく消極的な意見ね(笑)。でも、ということは鉄筋コンクリートの建物にしておけば、シロアリはつかないってこと?
あなた：もどかしいのはそこなんだ。鉄筋コンクリートの建物と木造の建物が並んで建っていれば、シロアリはたぶん先に木造を選ぶと思うよね?　基本的にはシロアリは木や紙をエサにしているからね。でも鉄筋コンクリート住宅の内部の仕上げ材にだって、木材を使用しているんだよな〜。それに沖縄辺りではシロアリが便器に巣をつくっていた、という報告を見たことがあるし、アメリカカンザイシロアリは、あまり湿気がなくても生きていけるらしいんだ。最近、ヒアリの話題が多いけれど、気がつかないところで、そのアメリカカンザイシロアリも紛れ込んでいるのではないかっていうウワサは、専門家の間であるらしいよ。事実、鉄筋コンクリート造の建物の、水気のまったくない、調査によっても雨漏りや特に湿気を感じられない床の間部分にシロアリが発生したっていうことを聞いたことがあるからね。

奥さん：へ〜っ！　シロアリ怖〜っ！　対応策は防蟻剤しかないの？

あなた：床下を常に乾燥させていれば、基本的には大丈夫らしいけど、アメリカカンザイシロアリのやつらにはね〜。僕は防蟻剤ってのがイヤでたまらないんだけど、地球が温暖化するにしたがって、ある程度は我慢するしかないのかなと思ってみたりもするんだよな〜。結局は地球温暖化のせいで、シロアリやヒアリの生存可能な北限がどんどん上がってきているってことなんだろうね。

奥さん：シロアリ……、あ〜っ！　鳥肌が立つっ！

あなた：だよね〜っ。でも、このような説明までしてくれる工務店さんは、たぶんそうはいないよ。シロアリの問題は木造住宅での「普通」という範疇だから、説明の必要性も感じてはいないだろうしね〜。「シロアリはつかないほうがよろしいでしょ〜？　以上っ!!」って感じかな(汗)。

会話中にも書きましたが、この問題はもどかしく感じています。ですから、防蟻を考えるのであれば、まずは薬剤よりも床下の乾燥のほうが好ましいと思います。また、「防蟻処置」の方法として、いくつかの技術的基準があるようですが、「防腐・防蟻」を「保証」するとなると、かなり知見が深く見識の高い工務店でなければ、防蟻剤を使用しているのではなかろうかと予測いたします。実のところ、九州に住む私も、木造住宅では確実に防蟻剤を使用しております。もどかしい、という気持ちの根拠でもあります。

＊　＊　＊　＊

第8話　地震に対する強さと津波に対する強さの違いをもう一度

奥さん：慣性力って言ったっけ？　あのあたりがどうもよく分からないから、もう少し説明の仕方を変えて、分かりやすく説明してよ。

あなた：えっ!?　十分に分かりやすく説明をしたことがあると思うんだけどもな〜（汗）。

奥さん：分かりにくかったのっ！

あなた：は、はい。では、ほんの少しですが、言い回しを変えて説明させていただきます（恐）。
奥さん：そうそう。いつもそういうスタンスで話をすれば、こっちも聞いてあげようかな～って気持ちも出てくるのよ。
あなた：……（汗）。
奥さん：で？ 早く説明してくれる？ 私も答えてあげないといけない人がいるんだから。
あなた：ああ～っ！ そういうことでしたか（笑）。ではさっそく、慣性力っていうのはね、止まっているものはずっと止まり続けようとするし、動いているものはず～っと動き続けようとする力、だと言えばいいのかな。つまり、家は自ら動くわけではないけれども、地震動によっていったん「動かされ」てしまうと、そのまま動き続けようとするんだ。それにブレーキやストップをかけるのが建物に固有の硬さ・強さであったり、しなやかさであったりするわけさ。
奥さん：少し分かるような？？
あなた：別の言い方をすると、重たいものを動かすには大きな力が必要だけど、軽いものは小さな力で動くよね。逆に重たいものが動いている時にそれを止めようとすると、大きな力が必要だし、軽いものは小さな力で止められるってことはイメージできるでしょ。
奥さん：うんうん。
あなた：それと一緒さ。鉄筋コンクリート造のような重たい建物が、地震動で揺らされた時に止まろうとすると、つまり揺れに耐えようとすると、大きな力が必要だよね。だから建物自体が頑丈になるわけさ。そして軽い木造ではその逆を考えればいいってことだよ。

奥さん：鉄筋コンクリート造は頑丈にしなければいけないけれど、木造は貧弱でも大丈夫ってことになるの？

あなた：そこまでは言ってないよ（汗）。建築基準法上で示されているそれぞれの安全値以上の建物が建つわけだけど、それをどう判断するかは建築主がそれぞれにすればいいことさ。でもね、鉄筋コンクリート造ではその重さに由来する頑丈さで、津波や土砂崩れ竜巻や台風なんかからも最も安全に、家族を守ってくれる構造なのだ、とは思っているけどね、僕は。あっ！ちなみにいろいろな構造の建物を、子どもが遊ぶように〝ぶつけっこ〟をして遊ぶイメージをしてごらんよ。右手に木造、そして左手にRC造。ぶつける……「どっしゃーん！」……。イメージの中で結果はどうなった？　それが頑丈さの違いってところかな？

奥さん：なるほどね。面白い説明もやればできるんじゃんっ！

＊　＊　＊　＊

テレビコマーシャルなどで目にするのは「地震の揺れに強い」ということだけのようには思いませんか？　でも実際に襲いかかってくる自然の猛威には、津波や土砂災害、大雨による堤防の決壊、そしてその延長線上に流木の衝突、台風や竜巻と、さまざまに存在しています。ところが、基準として「津波に耐える計算方法」が示されているわけではありません。風以外の他の外力に対しても同様です。気にならなければ、構造に関する部分を忘れてしまったほうがいいかもしれません。

ただし、ここで書いていることは、他書ではあまり目にしないとも思います。また、木造住宅には「どの工務店で建てても基本は同じだという偏見のような意識」が存在しているようにも思います。だから、どの工務店も「普通であることを隠れ蓑にして」根本的かつ最も重要な部分を語ろうとはしないように感じます。ですから、木造と鉄筋コンクリート造をともに提供している著者とすれば、極めて公平に、住宅選びにおける比較検討の際の注意事項として、プロが教えたがらない項目を警鐘のごとく打ち鳴らしているつもりです。

本書を読み終えた後に、どしどしと、あちこちで疑問点や不可解な点を問い合わせてみましょうね。

第9話　4号建物についてもう一度

友人　：以前4号の特例ってやつの説明をしてもらったでしょ。あれがどうしても納得がいかないから、もう一度説明してよ。

あなた：僕が理解している説明の仕方でいいかな。なぜかと言うと、国策としてどういう理由で建築基準法をつくったかとか、業界団体から国会議員さんへどのような働きかけがあったかとかが、微妙に絡んでくると思うのね。だから、あくまでも僕の個人的感想だと思ってね。どこかのプロに必ずセカンドオピニオンを求めてよ。

友人：うん、分かった。でも、結構なオタクのお前が説明してくれることを、この辺にいるプロの人たちに聞いても誰も答えてくれないからな～（笑）。

あなた：県や市の建築指導課などを訪ねて、ひざを突き合わせて話を聞いてみるのもいいと思うよ。彼らは建築基準法の番人でもあるからね。

友人：（笑）そこまでは……。お前の参考意見だけで大丈夫だよ。

あなた：では、それを前提として言うよ。あのね、太平洋戦争が終わったのが昭和20年。それから戦後復興が始まるよね。その際に好き勝手に建物を建てられては困るからという理由で、国策としての建築基準法が施行されたのがたしか昭和25年。そこでは当時としては、かなり厳しい基準で全ての建物を管理しようとしていたはずなんだ。でも、国もふっと考えたんじゃないかな。

友人：なんて？

あなた：こんなに厳しい基準で全ての建物をしばってしまうと、普通の大工さんや工務店さんでは、まず設計ができないし、とてもじゃないけど管理なんかもできないぞ、って。この戦後復興の大変な時期なのに、住宅が建てられなくなるぞ、っていう考えに至ったんだ……。いや、だと思うんだよね。

友人：ふんふん。それからそれから？

あなた：そこで、建物の重要度によって設計時点から基準を段階分けするようにしたんだろうね。つまり、公共性が高くて重要度の高い建物の設計審査基準は厳しく、そうでもない建物、つまり具体的には個人の住宅みたいな建物の設計審査基準に関しては、「少しゆるくしてもいいんじゃね〜っ!?」って。

友人：その説明の仕方は、少し乱暴すぎるんじゃないかなっ！　建てる側にとっては一生に一度の大きな買い物だぞっ！

あなた：ごめん。でもね、あえてそのような言い方をしたんだ。だけど明らかに住宅規模の木造建築物は、法的には優遇されているんだよ……。ん〜っ!?　優遇と言っていいかどうかは分からないけど。なぜかというと、その類の建物に関しては、確認申請上、設計内容が法的に間違っていないことの根拠を示す「必要がない事項」がたくさんあるそうなんだ。また、提出しようとしても、その図面を取り外すように指示を受けることすらあるらしいんだ。そしてその中のひとつが、構造に関することなんだって。

友人：それって、木造住宅が優遇されているんじゃなくて、軽く見られているってことだよね〜（怒）。

あなた：僕に怒らないでよ。あくまでも、僕の個人的な法に対する見解だって（笑）。ところがひとつ付け加えておくとね、設計審査上の説明義務はないんだけれど、軽く見られているように思われる住宅なのに、設計者はきちんとチェックしておかなければならないことにはなっているんだよね。誰もそれを審査しないのだけれども。そして、もしも不具合があったとしても、責任は設計者であって、国や審査機関ではないというトリックがあるみたいなんだよね。

友人　：それってひどくない？　責任回避をしているだけでしょ（怒）。

あなた：（笑）だから、僕に向かって怒らないでって。でもね、そこに怒りを感じるようであれば、木造を建てると決めた際には「4号の特例は無視して設計してください」って、最初に宣言しないといけないような気がするな～。でもそうなると設計費用も高くなるし、工事費も上がるかもしれないし……それでも本当にそう宣言する？

友人　：そう言われると……（汗）。

あなた：あれ～っ!?　さっきは「住宅を軽く見てる」って怒っていたよね～っ。

友人　：でも設計士さんは全部きちんとチェックしてくれているわけでしょ？

あなた：さあ、どうだろうね。僕は設計士ではないから、そこは設計士さんに聞いてみてよ。でも、一般的に考えて説明責任のない事項に関してまで、手間はかけないような気もしなくもないけどね。君が設計士ならどうする？

友人　：……！　俺なら絶対にしないだろうな～（汗）。

「4号の特例」が、いきなりなくなってしまうと、住宅業界はかなり混乱してしまうだろうと言われています。しかし、今後徐々に人口が減り、住宅建設の絶対量が減少していくとすれば、住宅業界に対して国はどのような対策を講じてくるでしょうか？　おそらく国の希望とすれば「営業力があっても技術力のない業者」は消えてほしい。逆に「営業力はなくてもきちんとした技術を持っている業者」は存続させたい、とは思わないでしょうか。それは建築主さんとしても同じですよね？　その際には「4号の特例」が撤廃されるかもしれませんね。ところが、ここでまたひとつ問題が発生します。その特例撤廃前に建設された建物が全て「既存不適格」というくくりをされてしまうかもしれないのです。つまり、建設当時には合法建築物であったにもかかわらず、基準が変わる事によって合法ではない建物だと判断される可能性があるということです。「4号の特例廃止」から「既存不適格」に至る経緯については、今度訪問する住宅展示場で雑談としてじっくりと確認してみてくださいね。

*　*　*　*

第10話　メンテナンス性に違いはあるの？

奥さん：ねえねえ。法定耐用年数が長いっていうことは、メンテナンスにお金がかからないっていうこと？

あなた：あ〜っ！　鉄骨系ハウスメーカーさんの営業マンの中にはそのように説明しているところもあるらしいけど、それは違うよ。メーカーの保証期間が長くなる特殊な材料はあるけれど、それは当初のイニシャルコスト、つまり懐具合と相談するところでもあるよね。そして木造でも瑕疵担保責任保険をかけないといけないのと同様に、他の構造においてもそれは適用されるんだ。そして、どの構造においてもだいたい保証期間は10年くらいになっているんだよね。あくまでも無償での保証期間だけどね。

奥さん：メンテナンスが必要な時期って誰が判断するのかな〜。

あなた：メンテナンスする材料は異なるけれども、基本的なメンテナンスは大して変わらないと思っておいたほうがいいと思うよ。それについてはある程度は部材メーカーの基準があるけれども、周囲の環境によっても、差異が出てくるみたいだからね。また、東西南北によっても外壁の劣化の具合は異なってくるし、汚れていることと劣化していることとは、必ずしもイコールではないよ。

奥さん：汚れが目立ちにくい色を選んだほうがいいってこと？

あなた：必ずしもそうではないと思うよ。好きな色を塗ることを前提にして、プロの意見を参考にすればいいんじゃないかな〜。

奥さん：東西南北で傷み具合が異なるっていうのはどういうこと？

あなた：あ〜っ。たとえば北面は基本的に直射日光があまり当たらないよね。でも、逆に言えば湿気が多い可能性があるんだ。たとえば北面に田んぼが広がっていたり森や池の影響を受けたり。そうすると、コケの類が繁殖しやすくなるみたいだよ。それに比べると南面や、外気温が上がってから直射日光を受けるようになる西面ではどうしても紫外線による経年劣化が進行しやすい傾向にあるみたいだね。

奥さん：じゃあ内部に関してはどう？

あなた：鉄筋コンクリート造だからといって、仕上げ材が木造と異なるかと言うと、必ずしもそうではないよ。設計士さんによっては、コンクリートのむき出し、つまり打ち放し素地を好む人もいるようだけど、あれは好ましくはないと思うな。基本的には木造と同様の仕上げにするべきだと思うよ。だからその範囲においては、内部の仕上げに関してのメンテナンス性は変わらないと思っていいんじゃないかな。

奥さん：なぜコンクリートのむき出しはダメだと思うの？

あなた：ダメとは言ってないよ。好ましくはないと思う、って言ったんだ。理由のひとつとしては、コンクリートは熱容量が大きいからエアコンをガンガンかけても、どんどん熱を吸収しちゃうんだ。つまり、コンクリートをむき出しにしてしまうと、エアコンの効きが悪くなるんだよね。もちろん逆の発想をすれば、「だからこその利点」もあるのだけれどもね。他にもいろいろあるけど、手短に話すと誤解されそうだから今回はここまでにしておこうね。

奥さん：私もこのあたりまでが本日の限界かな……。本題はメンテナンス性に関してだったしね～っ（笑）。

＊　＊　＊　＊

木造も鉄筋コンクリート造も提供している立場とすれば、経験上からですが、双方にはメンテナンスにおける金銭的な優劣はないように感じています。必要に応じて適切なメンテナンスを施せば、長持ちするだろうということは容易にイメージできますよね。ただし、住宅に対して今後さらに省エネ化が本気で要求されるようになってくると、有利なのは鉄筋コンクリート造だと思います。シームレスであることもその要因なのですが。

第11話　ヒビが……入っちゃうの？

友人　：昨日住宅展示場に行って、「鉄筋コンクリート造（RC造）ってどうなんですか」って聞いてみたら、「RC造にはヒビが入るからやめたほうがいいですよ」って言われたんだけど……、そうなの？

あなた：ぶっ！（大笑）。まだその程度の説明をしている工務店さんがいるの？　悪いことは言わないから、そんな説明しかできない工務店さんは、絶対に選択肢から外したほうがいいと思うよ。

友人　：どうして？　感じのいい人だったけどな〜。

あなた：そっちの話からか〜っ！　いい？　まずはね、会社が、感じのいい人しか基本的には営業マンにさせないとは思わない？　だけど君が、営業マンの感じの良し悪しで建物を決めるならそれでもいいと思うよ。でも、誠実さや人当たりの良さがあっても、建物の全体に関する知識がなければ、提案者としては失格だと思うけどな〜。本当に大丈夫？

友人　：えっ？　どういうこと？

あなた：営業マンは自社物件の良いところは言うけれど、悪いところは決して積極的には言わないよね。逆に他社物件の悪いところは、鬼の首を取ったように口にする人もいるからね。

友人　：じゃあ、やはりRC住宅の欠点はヒビが入るってところ？

あなた：それは好ましい点ではないと思うよ。でもね、そのように説明をする営業マンにはこう聞いてみて。「御社の建物の基礎は何でできているのですか？」って。だって、間違いなく鉄筋コンクリート造だもの。

友人　：そう聞かれると、その営業マンは答えに困るよね。

あなた：さらには、「御社の基礎コンクリートには絶対ヒビが入らないんですか？」って聞くとダメ押しになるよね。間違っても「入りません」なんて答えたらアウトだよ。好ましいことではないけれど、コンクリートにはヒビが入ることはある程度織り込み済みだから。コンクリートには乾燥収縮や応力集中っていう問題があって、開口部の角部分などではヒビが入りやすい傾向にあるんだよ。しかしそれは木造の基礎だって同じだし、乾燥収縮なんて木でも起きることなんだけれども、木造だけをやっている工務店さんでは、木材の「干割れ」「曲がり」「反《そ》り」なんていうようなことは決して自らは口にしないしね〜。

友人　：木の場合は、「生きている」から起きること？

あなた：またまた〜っ（笑）！　ずいぶん洗脳されてきたみたいだけど、どこでそんなウソを聞いてきたの？　今までに家の柱から芽が出てきたっていう話を一度でも聞いたことがあるの〜？

友人　：あ〜、そういえばないよな。

あなた：木の柱は腐ることがあっても、芽が出てくることはないよね。木は湿気で膨張したり収縮したりするけど、それは呼吸をしているわけではなく、あくまでも湿気の影響だよね。さらには太陽の当たり具合やエアコンの当たり具合によっては、乾燥させた木材であったとしても、激しく反ったりもするけど、それは木が生きているからじゃないよね。さらには……あっ！
ごめん力が入りすぎた。

友人：なんだか今日は叱られてるみたい……。

あなた：ごめんごめん。木の「ぬくもり」や「癒し」という言葉をあまりにも前面に出し過ぎて女性のハートをつかもうとする営業手法は極めてイヤでね～。もっと言いたいことはあるけど、今日はやめておくね（笑）。

友人：こ……今度また教えてください（下手）。

＊　　＊　　＊　　＊

いまだに「鉄筋コンクリート住宅にはヒビが入りますよ」という説明をする営業マンが存在しているのが不思議でなりません（笑）。今日において、現実的には「建物の基礎は鉄筋コンクリートでなければならない」のにです。「上を向いてつばを吐く」とか「自分の首を絞める」ことの具体例として、最もふさわしい内容だと思います。

ところで、以下の質問をされたら建築営業マンはどのように答えるでしょうね？　なぜ上部構造には木造や鉄骨造・鉄筋コンクリート造などが存在しているのに、基礎構造に関しては実質「鉄筋コンクリート造でなければならない」のだと思いますか？

その正解に関しては何度も書いているように、きちんと説明を受け、ちゃんと理解したうえでの「建築主の判断次第」だと考えています。

第12話　錆びちゃう……の？

友人　：鉄骨造の住宅は錆びちゃうから危ないんだって？
あなた：また、木造系の住宅展示場に行ってきたんだね？　そして、また僕が好きではないタイプの説明をする営業マンに当たってしまったんだ～っ（笑）。
友人　：そうみたい（汗）。でも教えてよ。俺も真剣なんだからさ～。
あなた：鉄筋や鉄骨は鉄からできているから、酸化すれば錆びるよ。でも、そんな説明をする営業マンにはこう質問してあげて。「木造住宅の主要材料である木は腐りませんか？」「木は、シロアリのエサになるようなことはありませんか」「木造の基礎に使用されている鉄筋は、錆びることがありませんか」って。

友人　：あ〜っなるほどね〜っ！

あなた：基本的には、他社製品の悪口を言うところには頼まないほうがいいような気がするな〜。ただし、それが悪口に聞こえたとしても技術的な根拠があれば別だけれどもね。ところで、そのような説明をしてくれた営業マンもいい人に思えたの？

友人　：イヤなやつに思えてきた（笑）。

あなた：だろ〜っ（笑）。ちなみに木造では柱に「背割り」っていう手間をかけることがあるんだ。特にヒノキなんかで行うんだけどね。

友人　：なにそれ？

あなた：ヒノキみたいな固い木は乾燥収縮などで割れたり反ったりすることが多いんだよ。だからその内部応力と変形を吸収させるために、初めから柱の見えない面に上から下まで、柱の中心部分まで大きな切れ目を入れておくのさ。

友人　：へ〜っ！

あなた：それって、「高級なヒノキ柱は反ったり割れたりしますよ〜」って宣伝しているような対処法だよね。でもそれに対しては先ほどの営業マンならば勝ち誇ったように、その効能を説明してくれると思うよ。「ヒノキにはヒビや割れが入りやすいし、放っておいたらさらに大きく割れたり反ったりもしてしまうんです」って言っているのと同じだと気づかずにね（笑）。

パーフェクトな住宅が存在しない一因として、パーフェクトな建材が存在しないことが挙げられます。もちろん鉄筋もコンクリートもそうではないのと同様に、木もパーフェクトではありません。だからこそ、その弱点を補うようにして技術が進歩しているのでしょう。

しかしひとつ考えていただきたいことがあります。それは、何も考えずに、何も比較検討をせずに「普通を選ぶ」ことは、いかがなものかということです。きちんと比較検討したうえで選んだ「木造」であれば、誰にとってでも大正解だと思うのですが、「普通」であることを優先して選んだ「木造」であれば……、それを本当に正解だと言えるでしょうか？

＊　＊　＊　＊

第13話　混構造？　ＲＣ造の中に木をたくさん使用？

友人　：木造にも魅かれるし、鉄筋コンクリート造は捨てがたい……。両方を良いとこ取りして合体させる方法ってないのかな。

あなた：良いとこ取りの意味がよく分からないけど、「混構造」にする方法と、鉄筋コンクリート造の内部に木をたくさん使うという方法の2通りがあると思うよ。

友人　：えっ!?　あるの？　早く教えてよっ！

あなた：じゃあ、まず混構造に関して説明するね。例を挙げると、1階は車庫や倉庫にしたくて広いスペースが欲しいから鉄骨造にして、2階から上を木造でつくるような建て方が考えられるね。

友人　：なるほど。見たことがあるような気がするよ。他にはあるの？

あなた：急な傾斜地に建てざるを得ない場合だと、高地側に土留め擁壁が必要になってきたりするよね。

友人　：うんうん。

あなた：そのような場合に、1階というか半地下になるような部分には、土留め擁壁と1階の壁を兼用させようとすることがあるんだよ。でもそのような際には、木造や鉄骨造では無理なので鉄筋コンクリート造でその部分をつくり、上階を木造や鉄骨造にすることもあるよ。

友人　：なるほど〜っ！　2種類以上の構造体を併用するから混構造って呼ぶわけなんだね。

あなた：そうそう。

友人　：では、もうひとつのほうは？

あなた：簡単なことさ。確実に頑丈な鉄筋コンクリート造で骨組みや壁をつくってしまい、内装材として木材をたくさん使用するだけだよ。

友人　：そんな方法があるんだ～っ!!

あなた：いやいや、それはまったく特別な方法でもなくて、普通がそうなんだよ。さらに設計者に「木がたくさん見えるように使ってください」って伝えれば、最近の一般的な木造住宅よりもさらに木造っぽくなるから問題ないんじゃないの？　ちなみに聞くけど、最近の木造住宅で内部に木が見えるような建物がどれほどある？

友人　：そう言われてみれば……。

あなた：だろ～っ！　癒しだとか子育てをするために、なんてうたい文句で宣伝している住宅会社も多いように感じるけど、中に入ってみると「大壁づくり」といって、木がまったく見えなくなっている建物のほうが圧倒的に多いと思うよ。

友人　：それって木造なの？

あなた：構造材が木であれば木造だろうね。でも、宣伝の仕方によっては、嫌悪感を覚えることもあるものな～。女性のハートをつかむためだけのキャッチコピーが多すぎるように感じない？

友人　：言われてみれば、そんな気がするね～。

あなた：たとえば、目隠しをされてマンションの中に入り、室内で急にその目隠しを取られて「さて、この建物の構造は何でしょう」っていう質問をされたら、すぐに正解を答える自信がある？

友人　：……ないっ！

あなた：だろ～っ！　たとえそれが鉄筋コンクリートの建物であったとしても、木が少しでも確認できれば、「木造」だって答えたくなるよね。

友人　：なるほど。

あなた：僕は木が癒しだということを否定するつもりはまったくないんだけれど、よく燃える構造で、これまでにも話してきたような諸々の懸念事項を含んでいるならば、木造であること自体がもしかしたらストレスにすらなりそうな気がするんだけどね～。

友人　：確かに……。構造材として鉄筋コンクリートを使い、仕上げ材として木を使いさえすれば、全て解決するよね。

あなた：あくまでも、それは僕の個人的意見だけどね。ただし、とにかく安くつくろうと思えば木造だからね。工夫すればRC住宅でも通常の木造住宅と同等価格にまではできるそうだけど、特に小規模の住宅で価格を最優先させようと思えば、やはり木造らしいからね。

友人　：3号建物と4号建物との違い？

あなた：その問題は大きいだろうね。それに木造住宅はヒノキを使おうと杉であろうと、裏山の雑木林から切ってきた木であろうと、どれも同じ木でしかないからね。対して鉄筋コンクリート造は構造主材料がJIS規格（日本工業規格）で拘束されるから、少なくともまずは計画上の手抜きはできないようになっているんだと思うけどね。

友人　：へ～っ。

私自身は、少しですが構造の勉強をしていた時期がありますので、他社の建物であっても構造（造り方）に目が行ってしまう癖があり、「無理してるな～」とか、「本当に大丈夫？」と思うような建物に出くわすことがたまにあります。しかしそのような建物のほうが「格好いいよな」とか「デザイン的には優れているよな」と思う建物であるようにも思います。それはたとえば「南面の大きすぎるような窓」であったり「広く開放的過ぎる吹き抜け」を持つような建物です。

あるハウスメーカーで構造の責任者をしている友人から聞いた話ですが、会社の役員会に呼ばれて、デザイン性を上げるために構造でもっとコストを削るように要求された際に、「『これ以上の無理を言われるのだったら、安全に責任は持てません』と言ってやったよ」という武勇伝も聞いたことがあります。これは見た目を優先するのか構造的安定を優先するのかと問われているようには思えませんか？

* * * *

一般の人の目には、わけの分からない構造の話よりも、外観や斬新さに興味を引かれるのも理解できます。しかし、いったん震災が起きたりすると、そのような斬新さが仇となっているように考えられる可能性があることも、頭の片隅には置いてくださいね。最近の震災における被災事例やその〝壊れ方〟を見ても、言えることだと思われます。

Chapter. 4

住宅を取り巻く自然環境について考える

地震の発生原因の概略について

さてあなたは、昨今の自然環境についてどのように思いますか？　関東圏にいらっしゃるのであれば、「地震に関しては、いつも、ある程度揺れているよね」と思っているかもしれませんね。実際、専門家が「日本列島は地震の活動期に入っている」と言い始めて久しくなります。しかもその間に東北や熊本で、専門家が「想定外」と口にするような地震も経験しました。

私は地震に関する専門家ではありませんが、建築技術者としての範囲で少しの知識はかじっています。その範囲で、住宅に関係する内容をお話しします。超高層ビルに対して重要となってくる長周期地震動などに関しては、ここでは触れません。

まず、地震はどこで起きても不思議ではないということは念頭においてください。そして地震の種類を「プレート境界型」と「活断層型」のふたつに分けておきます。ここでは火山性地震（原因の根本はいずれも同じだと思われますが）に関してはお忘れください。

先ほど、ふたつの地震を「分けて考える」と申しましたが、現在ではともにプレートテクトニクス（マントル対流によって起きる地殻の移動・ひずみ）によると考えられているようです。ちなみに、伊豆半島は大昔には今のハワイのあたりにあったものが、その地殻（地盤）の移動により日本列島まで近づいてきてぶつかった結果として、現在の半島になったのだそうです。そしてそこに富士山ができた、という説もあるようです。

硬い地殻・地盤が動いているのだから、あちこちでひずみが起きるのは想像できますよね。しかも日本列島には4枚の地殻（プレート）が別々の移動をしつつ、せめぎあっているそうです。その4枚が最近よく報道でも出てくる、ユーラシアプレート、北米プレート、太平洋プレート、フィリピン海プレートです。そしてある時、そのひずみに耐えかねて元に戻ろうと「バリバリッ、グラグラッ」と地震が起きるそうなのです。

その地震発生域がプレートの境界で起きた場合には「プレート境界型地震」と呼ばれ、エネルギー規模が大きく、津波を伴うことが多いようです。東日本大震災はまさにそのプレート境界型地震だったとされています。そして、内陸部で起きる際には局部的にはなるようですが、直下型地震であり震源域が浅い、つまり震源域が近いことが多いので、エネルギー規模のわりには揺れが激しく、被害が大きくなることも多いのだそうです。阪神淡路大震災や熊本地震は、近年におけるその典型です。

そのような性格上、海溝型のプレート境界地震は、ある程度震源域が想定されています。しかし巨大地震になる可能性が高いので、地震発生後の津波に対する被害想定が難しいということは東日本大震災で明らかになりました。ちなみに、このプレート境界型地震は、『風土記』などの記録からもある程度定期的（百数十年間隔）に発生していることが分かっているので、そろそろ次が来る、ということが現実問題として懸念されているようなのです。

それに対して内陸型の活断層地震は、その活断層の存在が分かっているものもあれば、分かっていないものもあります。なぜなら、活断層型の地震はプレート境界型地震に比べると、発生間隔が長いものが多いようなのです。文字のなかった頃の日本で、大きな被害をもたらした活断層が存在していたとしても、文字記録としては残っていません。その断層が地表に表れているものや、地表下の断層がたまたま発見されていなければ、未知の断層でしかないからです。

少し長くなってしまいましたが、現在はその地震の活動期だと言われています。「家づくり」においても、そのあたりに気をつけなければならないとは思いませんか。そして「大切な家族を安全に守れる家」を目指すことが大切ではないでしょうか。ただし、それは建物の構造ばかりによることではありません。たとえば、

1・地盤のよさそうなところを選ぶ
2・海や川の近く、低湿地を避ける
3・地図から等高線を読み取り、土砂災害の危険度を考察する

と言ったことも重要になってくるように思います。

もちろん自然災害には地震・津波と同様に台風・竜巻のような強風災害や川の決壊などによる水害や、土砂災害なども存在しますので、ご注意ください。

第1話　外力〜津波について

奥さん：津波のエネルギーに対する抵抗力って、地震に対する抵抗力とは異なるって教えてもらったことがあるよね。切り口を変えて、もう一度説明してくれない？
あなた：あ〜っ、イメージしにくいところだよね。じゃあ少し説明の仕方を変えてみようか。
奥さん：そうして、そうしてっ！
あなた：地震と津波は同時に発生する災害だと思っている部分があるとも思うんだけど、まずはそのふたつをまったく異なる事象だと考えてね。
奥さん：うん、分かった。
あなた：地震の揺れに関しては、木でできたサイコロとコンクリートでできたサイコロを使って説明してみよう。
奥さん：んっ？　ちょっとイメージしにくい。
あなた：まぁまぁ。いいかい？　一辺が30センチの木のサイコロ……、なんとか転がせそうかな？
奥さん：（手を広げて）これくらいの木でできたサイコロか……なんとか転がせそうな気がする。

あなた：じゃあ、同じ大きさのコンクリートのサイコロ……こっちはどうだい？
奥さん：いや〜っ。確信はないけど、無理かもしれない。
あなた：だよね。少し無理のある説明をしてはいるけど、止まっているものは止まり続けようとするっていうことの説明をしたつもりなんだ。つまり、止まっているものを動かそうとするには、重たいものほど大きな力がいるんだよ。
奥さん：あ〜っ！　じゃあ、動いているものは動き続けようとするっていう説明は？
あなた：うんっ。さっきのふたつのサイコロが、氷の上を同じスピードで滑っているところをイメージしてみて。
奥さん：……うんっ、イメージできた。
あなた：じゃあ君自身は、氷の上を自由に歩けるようにつくられたスパイクをはいているとイメージしてみて。
奥さん：私は氷の上を、土の上と同じように歩けるってことね？
あなた：そういうこと。そして、突然遠くから「そのサイコロを止めてくださ〜いっ！」という叫び声が聞こえてくるんだ。
奥さん：なるほど、そのサイコロを私が止めなきゃいけないわけね。で、木のサイコロは止められそうな気がするけど、コンクリートのサイコロを止めるのは躊躇してしまいそうだという結論に導きたいわけだねっ?!

あなた：先に答えを言うなよ（笑）。まぁ、そういうことだけどね。
奥さん：でも、動いているものを止めようとすると、重たいものほど大変だというイメージはできたわ。
あなた：次に、もう一歩進んでイメージしてもらうよっ！
奥さん：うんっ！
あなた：先ほどのふたつのサイコロが串に刺さって、ユラユラと揺れているとイメージできる？
奥さん：両方とも同じ木の串に刺さっているの？（図3参照）
あなた：うん。両方とも直径1センチの木の串に刺さっているとしよう。
奥さん：イメージができはしたんだけど……、木のサイコロはゆらゆら揺れ続けているけれど、コンクリートのほうは、串がポッキリ折れちゃった。
あなた：それでいいんだよ。それも正しいイメージのひとつだと思うよ。地震のように左右に揺れ続けている時に、壊れずにその揺れに耐えようとすると、太くて頑丈な柱が必要だということになるよね。
奥さん：そうか！　だから重たい建物ほど、設計段階で太くて頑丈な柱や骨組みを計画するってことになるわけね？
あなた：そうそう。木造の営業マンによっては、ここだけのイメージで「重たい建物は、地震に対して不利です」って説明をするように教え込まれている人もいるみたいだけどね。実際にはそ

図３　串団子の解説（軽い荷物と重い荷物に地震の際に作用する力の違い）

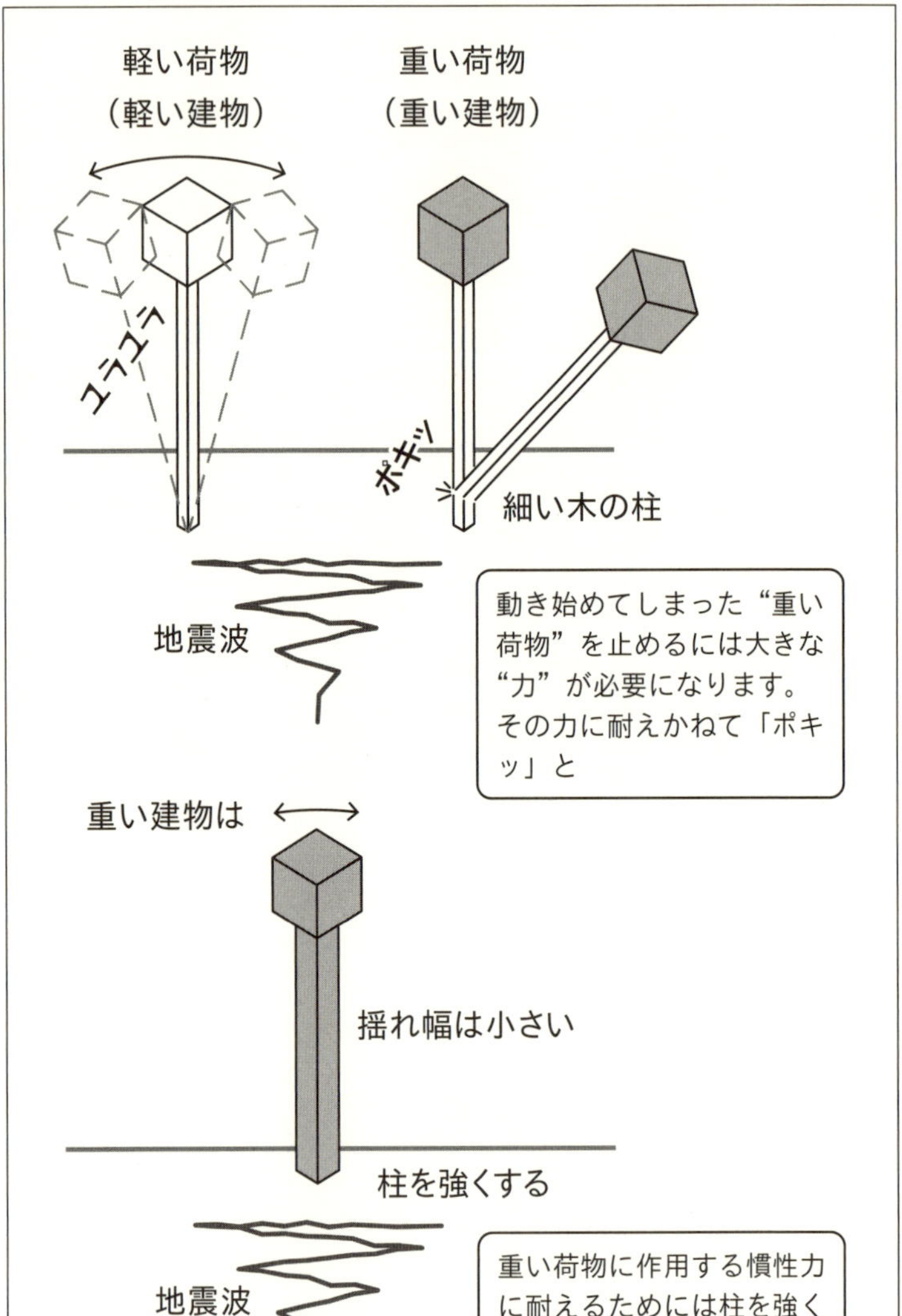

の揺れにも耐えうるように、木造とは比較にならない強度を持つように、建築基準法上で頑丈な構造設計を要求されているんだよな〜。

奥さん：ちょっと待って、頭の中を整理してみるね。

※「慣性力」という言葉自体は理科や物理で習っているものだと思います。でもイメージするとなると〝なかなか手ごわい相手〟のようです。次話でもっと「くだけた話」をしています。

＊　＊　＊　＊

「慣性力」などという言葉で説明されるから、かえってイメージしにくくなるのですが、基本的には私たちは「慣性力に支配される世界」の中で生活しています。空荷のトラックはブレーキを踏むと比較的早く止まれますが、荷物を満載している重たいトラックは、なかなか止まれません。次の話で出てくるように、体重の重い象は「太い足」になってしまいますが、体重の軽いフラミンゴは「細い脚」でも立っていられるわけです。

重厚長大がもてはやされた時代から、軽薄短小の時代に移行して、もはや久しくなります。当然ながら身の回りのものが、どんどん小型化している時代です。ところが逆に、身を守るためのものはどんどん「頑丈であることを求められている時代」でもあります。それは木造住宅においても同じですよね。

ハウスメーカーが住宅の安全性に関して述べる際には、地震に対してのことしか言わないのが極めて残念なところだとは思いませんか？　しかしながら本書を読み進めるにあたり、住宅の安全性は地震だけで計測されることではないと、既に確信していただけているはずです。つまり、あなたの家づくりにおける優先順位の一番が「大切な家族の安全安心」のためであるとすれば、鉄筋コンクリート造のほうが好ましいという思いが徐々に高まってきているのではないでしょうか。もちろん、その優先順位自体が百人百様それぞれに異なる訳ですから、正解が一つだけではないという事にもなります。

第2話　外力～土砂災害など

あなた：頭の中は整理できたかい？
奥さん：うんっ！　私の説明を聞いてくれる？　間違っていたら教えてね。え～っと、重たい建物と軽い建物のふたつの建物に足が生えていて、一緒にダンスを踊っているとする。
あなた：また、極端な発想に走ったね（笑）。
奥さん：黙って聞いててっ！　重たい建物のほうは、自分の体重を支えるために足が太くなってしまうわけよ。つまりは象さんの足のように。ところが、軽い建物はさほどの負担がないから、フラミンゴの脚のように細くても楽にダンスをすることができる。そして、ダンスを踊っているふたつの建物に、別の建物が倒れかかってくる……。無理して踊っていたから疲れたのね、きっと。

あなた：それから？

奥さん：ドスドス音を立てながら踊っている重たい建物のほうは「頑丈な象足」をしているから、ぶつかりはしたけど、「えっ!? 何かあった？」みたいな顔をしているの。ところが、軽やかに踊っている軽い建物のほうは「貧弱なフラミンゴの脚」だから、倒れかかってきた建物と一緒によろけて倒れてしまう。……どうよっ！

あなた：イメージのしやすさからすると、パーフェクトな説明だと思うよ（笑）。

奥さん：でしょ～っ！ でもね、私はフラミンゴの脚のほうがいいな～っ！

あなた：自分のスタイルと、建物の頑丈さを混同させるなよ。その頑丈さがあるからこそ、津波に対してもある程度の、少なくとも木造とは比べものにならない安心を約束してくれるし、同様にして、ハンドル操作を誤った車がぶつかってくるイメージをしてみても、同じことになるだろ？

奥さん：あ～～っ！ ねっ！ つまり、土砂災害や川の決壊に際しても、その強度に関しては大きな差が出てくるということねっ。

自分の体重を支えるために、重たい建物は頑丈にならざるを得ません。つまり、今回の会話では「象足」と表現されていました。頑丈にしなければ自分の重さを支えられないという点では、不利なのかもしれません。しかし、結果として計算によって裏づけられた頑丈な骨組みを鉄筋コンクリート造は手に入れます。「重たい」という不利が幸いして、慣性力ではない津波などの外力に対してはさらに安全な建物ができてしまった、という表現が分かりやすいかもしれませんね。

そして、軽い建物ではフラミンゴのような細い脚でも問題なく、自分の重さを支えることができます。言い換えれば、少々の地震でも細い脚で建っていることができると表現してもいいでしょうし、会話の表現を借りれば「軽やかにダンスができる」と言い換えてもいいでしょう。でもそこに津波や土砂災害、濁流、竜巻などの外力が作用してきたら……、軽い建物ほど、耐えられない可能性が高いということです。

＊　＊　＊　＊

軽い軸組みの木造住宅に関して、補足説明しますね。他の全てが同じであっても、屋根に重たい粘土瓦を乗せるのか、軽い金属屋根を乗せるのかによって、要求される強度が異なってきます。ここでいう強度とは、「筋交い」と呼ばれる斜め材（図4）の必要数量が変わってくるということです。木造でも、重たくなればその分頑丈にならざるを得ないのです。

図4　筋交いの説明

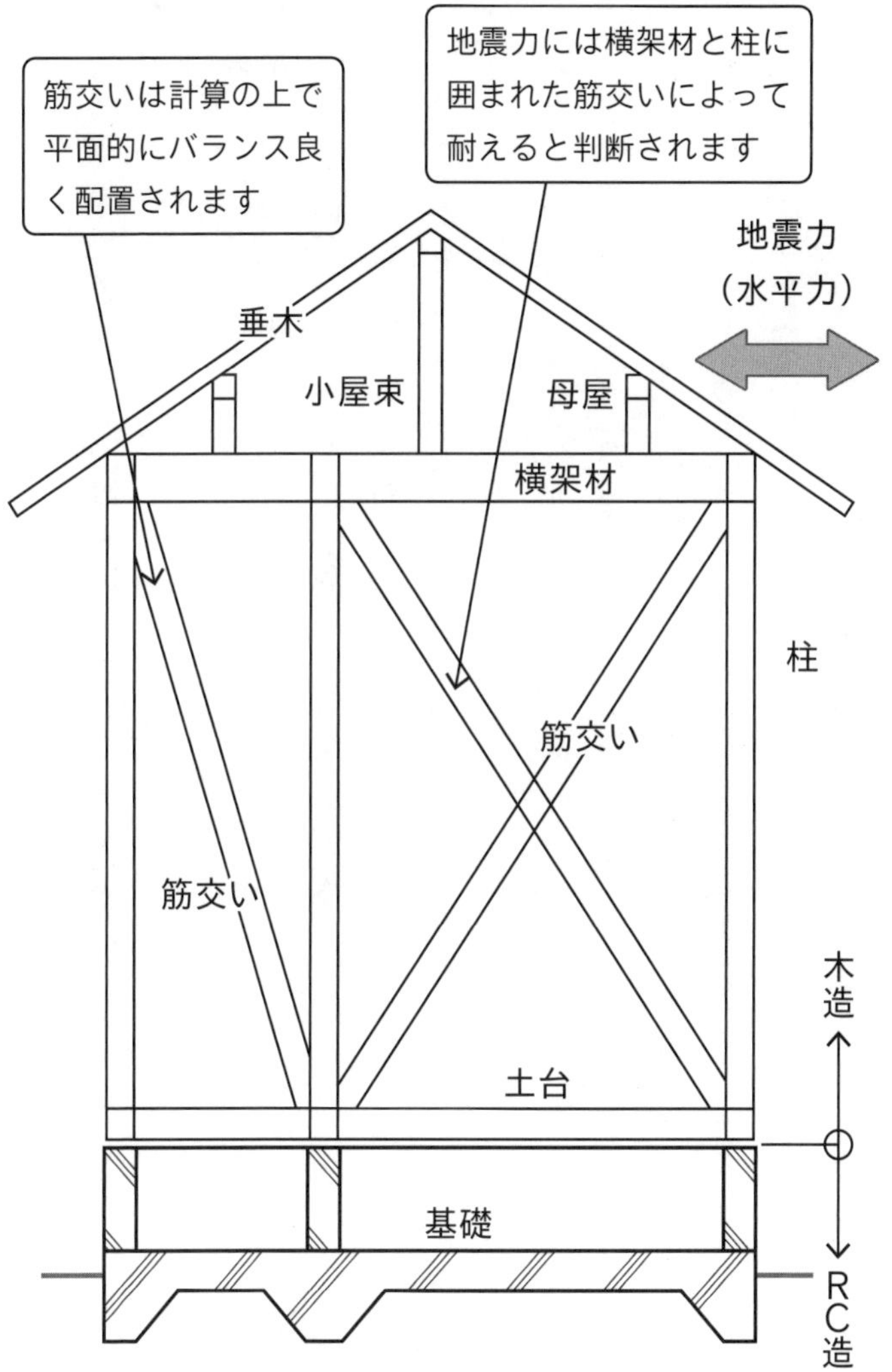

基礎RC造上部木構造
一般的には【木造と呼ばれる】構造の断面図

第3話　「早く頑丈な建物に避難してください」という話

奥さん：慣性力に対する強さ、関連は完璧にイメージできたわ。
あなた：そうみたいだね〜。もう僕の出る幕はなさそうだ（笑）。
奥さん：ところで最近のニュースでね、津波に対しては遠くへ逃げるよりも高いところへ逃げるほうが効果的かもしれないって言ってたのよね〜。
あなた：あ〜っ、津波の高さとその遡上高《そじょうこう》のことだね。
奥さん：それそれっ！
あなた：津波の高さっていうのは、津波が海岸に到達した時の高さのことを言うのに対して、遡上高っていうのは、その津波が陸上をどの程度の海抜まで到達したかっていうことを指す、指標みたいだね。その遡上高って津波の高さの2倍から4倍くらいにまでなるそうなんだよ。
奥さん：あ〜っ、だから交通が麻痺をしているような非常事態にもかかわらず、車で遠くに逃げようとするくらいなら、かえって近くの頑丈な建物にいたほうが安全かもしれないっていうことなのね。

あなた：その時の状況判断になるとは思うけどね。その場所で想定される到達する津波の高さは、どれくらいなのかと、到達までの予測時間を市町村が発表しているハザードマップで確認しておくことは確実に必要だろうね。

奥さん：なるほど、ハザードマップね。聞いたことはあるわ。でも、考えようによっては2メートル以下の津波が想定される地域であっても、もちろんさらに安全な場所へ避難できればそれに越したことはないけれど、2階の床の高さが地盤から3メートルの鉄筋コンクリート住宅に住んでいれば、もしかすると下手な避難をするよりも安全かもしれないっていうことになるかもしれないよね。

あなた：知識が広がってくると、だんだんとそういうことになってくるだろ？ということは「危険が迫っているから頑丈な建物に避難してください」という広報も、非常時に際しては必要なんだけれど、普段から「さらに頑丈な建物を建てるようにご検討ください」という広報も必要だとは思わない？

奥さん：そうだね。理屈が分かってくると、やはり安全第一よね。あ～っ、今思いついたけど、鉄筋コンクリート住宅でも、津波を受ければ当然1階は水浸しになってしまうんでしょうけれど、貴重品は常日頃から2階に置くようにしておけば、被害も最小限になるよね。

あなた：東北の震災の時のように、大きな流木や船まで流れてくるようだと想定外ということにはなるだろうけど、木造住宅の場合、2メートルの津波だと跡形もなくなる可能性が高いとされていることを考えれば、過信はダメだけど、鉄筋コンクリート住宅がより安全であることは間違いないと思うね。

奥さん：「頑丈な建物に避難してください」って言われる前に、より頑丈な建物を計画すべきよね。木造と同じ程度の価格で建てることが可能であれば。

あなた：僕の言うことを理解してもらえるようになってきたね(笑)。

奥さん：っ！　そのひと言が私を不愉快にさせるのよね〜っ！（イラッ）

あなた：……（しゅんっ）。ちっ、ちなみにですが……。

奥さん：なによっ!!

あなた：木造で住宅規模だと、一般的には簡単な構造チェック程度しかしてはいないと思われる。なぜなら、建築基準法上は「慣性力つまり地震」と「強風」に対する検討法はあるけれど、「津波のような外力」に対する基準はありませんので、一応ご承知おきください……。

奥さん：な〜に　ビビってんのよ〜っ！

＊　＊　＊　＊

著者は九州に住んでいますが、幸いにして今のところ大きな災害に出くわしたことはありません。ところが、土砂災害警戒区域、いわゆるイエローゾーン地域で、鉄筋コンクリート住宅に住んでいます。そして、ご近所の皆さんから何と言われていると思いますか？　想像はつくと思いますが「何かあったら避難させてね」です。建築の経験がなくても、慣性力を具体的に説明できなくても、「慣性力が支配する世界」で暮らしている我々は、無意識に理解できているのでしょうね。ご近所の皆さんも、「どの建物がより安全で、どの建物はそうでもない」のかが。それは、比較検討の結果であり、相対的なものであるからこそです。

第4話　巨大台風と竜巻

奥さん：最近、台風の被害もどんどん大きくなっているように感じるよね。
あなた：そうだね。
奥さん：強風に対する強さっていうのは、やはり違うでしょうね、それぞれの構造によって。
あなた：超高層ビルになってくると、また違ってくるのだけれど、住宅規模で言えば、鉄筋コンクリート造のように重い建物では風の影響は無視できるそうだよ。でも……、木造はね～。
奥さん：そうなのよ。あなたが変なイメージばかりさせるから、木造住宅って「ふ～っ！」って吹いたら飛びそうな気がしちゃってさっ！
あなた：でもね、以前見つけた工務店さんのホームページに、面白い内容があったよ。

奥さん：なになに？
あなた：「3匹の子ブタ」になぞらえた物語。
奥さん：教えてよ。
あなた：ちょっと待ってね～。あっ、これこれ。
　（ホームページを開いてその記載内容を見せる）

＊　＊　＊　＊

なぜRC？……！　だからRC!!

今回は「3匹のこぶた」のお話、ご存知？……といぅお話です。

昔あるところに、仲の良いこぶたの3兄弟が住んでいました。

ある時、「そろそろ独立して、それぞれ家を建てることにしよう！」ということになりました。

そして、あーだこーだのいきさつがありまして……。

長男ぶた君はチャチャッと木造の家をつくりました。……早っ！　見事な手際（拍手）!!

次男ぶた君は簡単ながらも、軽量鉄骨造の家をつくりました。……ん～！　テレビでも目にしそうだし、一番人気が出そう（拍手）!!

それに比べて三男ぶた君は、お兄ちゃんたちから「カメだ」「ノロマだ」と言われながらも、鉄筋コンクリートの家をつくりました。

3兄弟の家が完成してしばらくした頃、長男の家にオオカミがやってきました。

長男は我が家に逃げ込みます。

……するとオオカミは「フ〜ッ！」……長男の家は、すぐに吹き飛んでしまいました。長男は慌てて次男の家に逃げ込みます。

……するとオオカミは次男の家にも「フ〜ッ　フ〜〜ッ！」次男の家も吹き飛んでしまいました。二匹は慌てて三男の家に逃げ込みます。

……するとオオカミは三男の家にもやってきました。オオカミは鼻で笑いながら、「フ〜ッ！フ〜〜ッ!?　フ〜〜〜ッ〜〜〜〜ッ？？？？」……ビクともしません。オオカミは酸欠状態になりながらフラフラと帰っていきました。

それからのち、長男と次男は急いで鉄筋コンクリートの家に建て替えたことは言うまでもありません……とさ。


私は長男ですが「三男の家づくり」をし、その住み心地・安定性・防音性・気密性・断熱性・経済性、そして「癒されている」ことを確信したうえであなたにも「三男の家づくり」を推奨しています。

もちろんあなたにとってのオオカミは、地震や津波・台風・竜巻……といった破壊的な力だけではありません。でも、奥様ではないですよね？（大笑）……失礼！

しかしながらこれだけは確認してください。

何のための家づくりですか？

現在とさほど変わらなければ、大きな出費をする必要はありません。

どのような問題点を解決したいとお思いですか？　答えはあなたの胸の内に存在します。ですから「比較検討」はと～っても大事なのです。

どのような家づくりを目指そうとも、どのようなオオカミに対する家づくりであろうと、「三男の家づくり」をおすすめいたします。

大金を支払う「持ち家」であれば……。それが、木造と同等価格で取得できるのであれば、なおさらのことですよね？


「癒し」も大切ですし「子育て」も大切ですよね。ただし、偏った考え方だけはおやめいただきたいのです。

「木と漆喰《しっくい》」が癒しの基本であれば、ＲＣ造で強固に守られた内部に木と漆喰を内装材として多く利用すればよいだけのことです。

……ちなみに、漆喰の主成分は石灰石であり、コンクリートと同様です。

「子育てのためだけに存在する家」が木造である必要はありませんし、子育てが終わったらその家は役立たずになってしまうのですか？　つまり、「子育てのためだけに存在する家」とは、あまりに悲しいキャッチコピーでしかないように感じますよね。でもそこには、住宅メーカーの明確な戦略が隠されているのをご存知でしたか？

「家づくりの主体」となる奥様（女性）が、どのような言葉に最も敏感に好感触を持ってくれるかという市場調査の結果なのです。

私は家に対して以下のように考えています。

「安らげない家の存在価値はとても低い」

「安全ではない家は存在してはいけない」

……いかがでしょうか？

私は、それらを十分に満たす建物が、鉄筋コンクリート住宅だと確信し開発を続けていますが、共感いただければ幸いです。

「癒し」や「子育てのため」は、「大切な家族を安全に守ることを第一に考えたうえで」順次考慮されていくべきものなのです。

断言できますが、「建築計画」ってそうでなければならないのです。

だからこそ、そのさまざまな安全性を最低基準確保するために、建築基準法という法律もできているのです。

……さまざまな安全に対する最低基準です。

職場では「安全第一」って、連呼していますよね？　であれば、当然ながら家づくりにおいては「大切な家族の安全が第一」のはずですよね！

Chapter. 5

住宅営業マンへの質問事項

第1話　営業マンは自社に都合の悪いことは積極的にはしゃべらない

奥さん：営業マンって、やはり「売ってなんぼ」だよね～。

あなた：それはどの業界であっても基本的にはそうなんだと思うけど、いったい、それがどうかしたの？

奥さん：ということは、営業マンは自分にとって都合のいいことしか言わない可能性があるっていうことよね？

あなた：少なくとも、積極的に自分が売っている商品の欠点や悪口を言うようなことはないと思うよ。

奥さん：でしょ～。……じゃあ、誰を信じて家選びをすればいいのかな？

あなた：あ～っ、そういうことか。各種性能や利点・欠点を自分で綿密に調べるのは難しいから、どうすれば真実が見えてくるんだろうって話だね？

奥さん：まぁ、簡単に言ってしまえばそういうことになるかな……。

あなた：確かに、建築営業マンは積極的にはそのあたりを話さないから、質問してみるというのはどうだろう。ただし手練れの営業マンは話のかわし方を熟知しているらしいから、そのあたりはまた別に考えることにするからね。
奥さん：まずは、第一段階ね。分かったわ。
あなた：まずは取り扱っている建物の、「他社の建物と比較しての利点」について質問する。そうするといくつも並べてくれるはずだよね。一通りきちんとメモを取ることが必要だよ。聞いただけでは後で整理できないから。もちろん、もらったパンフレットにチェックしていくのもいいと思うよ。
奥さん：それからどうするの？
あなた：その建物の「他社の建物と比較しての問題点」について質問する。すると、話をはぐらかそうとするか、困ったような顔になる可能性が高い。はぐらかされたなって思ったら、その会社は一旦は切り捨てようよ。その会社は営業テクニックが高いか、話術に走る営業マンである可能性が高い証明だと思うから、今後もきっと先方にとって都合がいいように丸め込まれてしまうと思うから。そのうえで、まだその会社に未練があるのだったら、他社の建物と比較検討をするために「あちこちで同様の質問をしているのですが、問題点はないという考えでよろしいのですね？」ってクギを刺しておく。
奥さん：するとどうなるの？
あなた：他社は既に「自分の建物の悪口」を言っているかもしれないという可能性が頭に浮かぶはずだよね。

奥さん：確かに。……するとどうなるの？

あなた：他社の営業マンの口から自社商品の「問題点を指摘される」よりも、自分の口からその問題点をフォローしながらでもしゃべったほうが得だという判断にならないかな？

奥さん：なるなるっ！

あなた：それをいくつかの住宅展示場で繰り返しながら、きちんと表にして優劣をつけていくと、効果的ではないかな。

奥さん：なるほどね〜。

あなた：ネットで見つけた比較表（7ページにわたる図5）があるから、それを基にして質問を繰り返していくのもいいかもしれないね。

奥さん：あ〜っ！　いいものがあるんじゃないっ！

あなた：ただし、その比較表がすべてではないから気をつけてね。

図5　あなたに向く「住宅の構造選び」チェックリスト

各種構造を【同じテーブルの上】にのせて、キチンと比較検討をしてみましょう。

凡例：ローコスト木造　～　安木造　ローコストメーカーさんの建物
ハイコスト木造　～　高木造　住友林業さん他
軽量鉄骨造　～　軽鉄造　積水ハウス・ダイワハウス・パナホームさん他
重量鉄骨造　～　重鉄造　ヘーベルハウスさん他
鉄筋コンクリート造　～　木造と同等価格であるRC造に限る
※一応このように定義しておきます。

- 価格に関しては、各社マチマチの表現方法がありますので、広告の表現単価をうのみにしないでください。
一般の方に解りにくくする表現法：
【施工面積坪単価】【本体価格】【メーターモジュール】【追加変更】等
- 価格を調べる際には、【施工面積】で比較せずに、【法定面積（延べ床面積）での同等規模】で比較します。また、【本体価格】等で比べるのではなく、【引き渡し価格】で比べましょう。
- 【引き渡し価格】も設計料・エアコン・照明器具・カーテン……を含むのか含まないのかをできるだけ条件をそろえるようにしなければ、【同じ土俵の上】での比較とは言えません。一般の方にはかなり難しいですから、メーカーさんに『～～～～の条件で引き渡し価格はおいくらくらいになりますか？』と聞くようにすればある程度はわかると思います。……でも営業マンは上手いですよ。お気を付け下さい。

次頁の表の各項目に関して、それぞれの構造に順番をつけてみて下さい。
- 最終的に合計点数が最も少ない構造が、あなたにとって最もふさわしい構造となるはずです。
- 不明な項目に関しては空欄でもよろしいですし、『同じくらいかな～』と思えば同じ順位でも構いません。
- 『比較する必要がない！』と思われる項目はとばしてください。
- 新たにご自身でも項目を追加することも有効です（最後尾に空欄を設けています）。

	安木造	高木造	軽鉄造	重鉄造	RC造
会社としての信頼性の順番はいかがですか？					
癒されると思う建物の順番は？					
安全だと思われる建物の順番は？					
体にやさしいと思える順番は？					
自然にやさしいと思える建物の順番は？					
建て替えサイクルの長い順番に並べると？					
建設費のうちに含まれる宣伝広告費の安い順番は？					
宣伝広告が上手いな〜と思う順番は？					
宣伝広告と実態の差が少ないと思える順番は？					
シロアリ駆除剤を散布する量が少なくてもよい順番は？					
構造体が腐る・錆びる可能性の少ない順番は？					
長持ちすると思われる建物の順番は？					
法定耐用年数を長い順に並べると？（ネット検索）					
価格を安い順番に並べると？					
（価格）÷（法定耐用年数）を安い順に並べると？					
全部が同じ価格だとしたら、手に入れたいと思う順番は？					
このページの合計					

	安木造	高木造	軽鉄造	重鉄造	RC造
地震に対して強い順番に並べると？					
台風に対して強い順番に並べると？					
火災に対して強い順番に並べると？					
落雷に対して強い順番に並べると？					
遮蔽する能力が高いと思う順番は？					
大切な家族をかくまっておきたいと思う構造の順番は？					
自動車がぶつかってきたときに被害が少ない順番は？					
建物同士のぶつけっこをしたときに強い順番は？					
非常事態時にご近所で最も被害が少なくなる順番は？					
液状化に対する対策をキチンとしている順番は？					
構造計算をキチンとしていると思える順番は？					
職人さんの能力に出来上がりが左右されにくい順番は？					
高気密住宅に無理なくできる順番は？					
高断熱住宅に無理なくできる順番は？					
普通に生活してエコライフを実現しやすい順番は？					
ソーラーシステムを好ましい向きに向けやすい順番は？					
このページの合計					

	安木造	高木造	軽鉄造	重鉄造	RC造
屋上緑化をしやすい順番は？					
1階瓦屋根部分をベランダとして有効利用しやすい順番は？					
ビルトインガレージを実現しやすいと思える順番は？					
メンテナンスがしやすい建物の順番は？					
増改築がしやすい建物の順番は？					
天然素材に近い材料でできていると思える順番は？					
広いスペースを確保しやすい順番は？					
2階を歩く足音がドタバタと響きにくい順番は？					
外の音が伝わってきにくい建物の順番は？					
室内の音が外にぬけていきにくい建物の順番は？					
30年後に建物の残存価値が多い建物の順番は？					
壁体内結露を心配しなくても良い順番は？					
釘・ボルトが錆びたり緩んだりする心配の少ない順番は？					
不動産取得税が安いと思う順番は？					
固定資産税が安いと思える順番は？					
火災保険料が安いと思われる構造の順番は？					
このページの合計					

	安木造	高木造	軽鉄造	重鉄造	RC造
狭小地でも建設しやすい建物の順番は？					
建物の付加価値が高そうに思える建物の順番は？					
建物の施工管理をキチンとしている建物の順番は？					
実価格以上に周りからは豪邸と思われる順番は？					
大型トラックが通った際に揺れにくい順番は？					
台風の際に強風で揺れにくい順番は？					
堂々と比較検討を推奨している構造の順番は？					
【癒される】という言葉だけで順位をつけると？					
【大切な家族】を守れそうな建物の順番は？					
【木】がふんだんに見えるようになる建物の順番は？					
構造に自信をもって販売している構造の順番は？					
構造は別にしても仕上げが素晴らしいと思う順番は？					
値切ると手抜きをされそうな建物の順番は？					
2世帯住宅に向く順番は？					
一部をマンションにして貸せる可能性の高い順番は？					
このページの合計					

以下に**あなた基準の比較項目**を考えましょう。
リスト中の不明な単語等については弊社または信用できる技術者さんにご質問ください。ここに書いている程度のことをキチンと説明できないようなところでは……判断はあなた様です。

「あなた基準」の比較項目	安木造	高木造	軽鉄造	重鉄造	RC造
このページの合計					

「あなた基準」の比較項目	安木造	高木造	軽鉄造	重鉄造	RC造
このページの合計					
総合計					
合計点の少ない順番					

合計点が最も少ない構造が、あなたの家族にとって最もふさわしい構造かもしれません。

RC住宅においても仕上げ材に木をたくさん使用すれば、それだけで**多くの偏見は解決**します。

今あなたがつけた順番に**誤解や偏見**はなさそうですか。

気になる問題点に関しては**複数の方に確認**してみましょう。

天然素材の建物だから癒されるようになりそうですか？　だとすれば、それは明確に勘違いだと思います。

結果にご不満がありますか？　だとすれば、改めてもう一度**再検証**してみましょう。

このような比較検討に意味は無さそうですか？　あなたの大切な家族にとっての正解を見つけて下さい！

商品を紹介することが営業マンの仕事ではありません。自社商品を売って初めて評価されるのです。それはおそらくどの業界でも同じであろうと思われます。

それを前提としつつも、あなたにとって「どこで売っている建物も似たようなもの」だという判断が最初にあるようでしたら、決してこの本を手に取ってはいないと思います。ということは、どうやって家選びをすればいいんだろうか？　やはりアパート住まいのままのほうがいいのだろうか？　と迷っているからだとお見受けします。

「比較検討」を本気でするのであれば、やはり「少しの努力」は必要だと思います。もしくは、信頼できる人の意見を聞くか……です。

＊　＊　＊　＊

第2話　御社の建物のデメリットは何ですか？

奥さん：「お宅の建てている住宅のデメリットは何ですか」……な～んて聞いても、失礼にはならないのかな？

あなた：あれっ？　ずいぶん謙虚なレディーに見受けられるけど？　今日は。
奥さん：外面はいいねって、言いたいんでしょっ！　そうですよっ！
あなた：いやいや……（汗）。謙虚であることは必要だと思うけど、謙虚すぎて知りたいことを聞きのがすのは、避けなければならないと思うよ。大きな買い物であるほどね。だからこそ、謙虚に教えていただきたいのですが……、という切り口から入ればいいんじゃないかな？　教えてくれない工務店さんなら……どうなんだろうね？「完璧な建物を建てています」って宣言していることになるよね。それに、相手が「切り返し質問」をするようだと、トークにやられてしまう可能性があるよ。（切り返し質問は195ページ参照）
奥さん：ということは、自社建物の問題点を素直に教えてくれる工務店さんのほうが、好ましいということになるの？
あなた：たとえとしては好ましくないけれど、男女の交際において「自分には離婚歴があります」という事実を告白のうえで始まる交際と、交際が始まった後にそう告げられるのと、どっちが好ましく思う？
奥さん：あ〜っ！　とっても説得力があるわ。
あなた：ところが、特に木造住宅の場合は「どこも同じ」という先入観みたいなものが、発注者側にも施工者側にもあるから、「他の構造を共通の敵にした」曖昧な説明になってしまっているように感じるんだよね。

奥さん：あ～、確かに。

あなた：だから、木造のみを取り扱っている工務店さんであれば、「木造住宅全体」に関する「デメリットの説明」でもいいし、「自社物件が抱える今後の問題点・目標とする点」でもいいけれど、それを説明できないとなると、問題意識も持っていないっていうことになるんじゃないのかな。

奥さん：確かにそうだわっ！　なんでも進歩していくことは当然だしね。

あなた：共感していただけて良かったです（汗）。

＊　＊　＊　＊

以下の内容が他社の悪口に聞こえるようでしたら、そういうつもりではないことは信じてください。

技術っていろいろな側面があるのです。そして私から見える景色の中では、住宅として最もふさわしい構造は鉄筋コンクリート造なのです。しかし、木造の技術者さんにも私と同様に信念を持って頑張っている方も存在しています。ただし自身の「確信に関する根拠」を述べることができない方や、その問題点に目をつぶったままの技術者に対しては、「それはそれでいかがなものか」と思ってしまうのは仕方がないでしょう。

あなたはそのあたりに関して、どのように思いますか？

第3話　RC住宅のデメリットとは？

奥さん：ちなみに、あなたが大好きな鉄筋コンクリート造のデメリットはきちんと分かっているんでしょうね？
あなた：もちろんさ。ただし勘違いしてほしくないのは、僕が大好きなのは、一般的な木造住宅と同等価格の鉄筋コンクリート住宅、つまりRC住宅だからね。
奥さん：じゃあ、このタイミングでなぜ「木造と同等価格のRC住宅にしよう」って言い出さないの？　それって、私に対する遠慮?!
あなた：いやいや、この地域ではその設計施工が可能な工務店さんが見つからなくってさ。
奥さん：それじゃあまるで〝絵に描いた餅〟じゃない！　ちゃんと探しておいてよ。私としては、あなたイチオシの住宅も、候補のひとつには上がっているんだからね。
あなた：そうなんだ〜っ！　ありがとう。ところで、RC住宅のデメリットの話だったよね？
奥さん：あっ！　そうだった。
あなた：住宅規模での話だよ。そして、価格は一般的な木造住宅と同等のRC住宅に関してのことだ

からね。そこは間違えないでね。それを前提としてデメリットを言えば、

1・建物が重いので、木造住宅では必要ではない地盤補強が必要になるかもしれない。
2・通常の木造住宅に比べると工期が長い。
3・純和風の外観を希望であれば難しい、というよりも、豪邸になってしまう。
4・(どの構造でも同じですが) 施工者の管理能力によって品質に差が出てしまう可能性がある。

……以上です。

奥さん：んっ？ でも、重たいからこそ発生するメリットもあるんでしょ？ 遮蔽性能とか、頑丈さとか。

あなた：もちろんそうだよ。でも、「重いということ自体」は、いったんはデメリットだと考えておいた方がいいんだと思うよ。

奥さん：でも、デメリットがそれだけなの？

あなた：だから、いろんな技術者に聞いてみる必要があるとは思わない？ ちなみに、コンクリートにはヒビが入るっていうことは、RC造固有のデメリットとは考えないけどね。

奥さん：どの構造も基礎は同じだしね。分かってる分かってる (笑)。

＊　　　＊　　　＊

今回のお話では〝重たい事はRC住宅におけるデメリット〟だと書きました。もちろん、重たいからこそ発生してくるメリットも多々あることは既に説明しました。しかしデメリットであるという側面も正しいと思います。たとえば、この章の第4話で「3匹の子ブタ」のお話をしました。あの話の元になる寓話では、実際には長男は藁《わら》の家を建て、次男は木の家、そして三男はレンガの家をつくっているようです。

そこで、このお話が、木造を専門とし真摯な気持ちで木造を推奨している技術者さんが引用し、営業マンにアドバイスしたとしたら、どのような展開になるかを考えると判りやすいと思います。

以下の解説は木造の営業マンさんには今後有効に使用できるかもしれませんね。

木造営業マン：「3匹の子ブタ」という寓話をご存知ですよね。しかしあの話は地震の少ない地域で作られたお話なのだろうと思いますよ。なぜならばあのお話は〝強風〟に関してのみ語られているからです。ところが地震国日本においては、その前に地震についてどうなのかを検討しなければならないとは思いませんか。ところが最も推奨されている三男の家はレンガ造りになっていますよね。ですから日本においては通用しないのです。あのレンガ造は慣性力に対して、とてももろい性質を持っています。なぜならば〝重たい〟からです。レンガを主要構造材として使用している地域で発生した地震の被害状況を思い出していただければわかりやすいと思いますが、レンガ造りの建物がもろくも崩壊していますよね。あれは慣性力に自重が耐えられなかった証明だと思います。だからこそ日本においては〝軽い〟という特徴を持った木造が最もふさわしいのです。（云々）

私にはこの説明を否定することはまったくできません。確かに元のお話では三男はモルタルを使いながらでも、ひとつひとつ積み重ねていくだけのレンガで家をつくっているので、地震国日本においては不適格であろうと思います。だからこそ一歩進めて〝きちんと構造計算をされた、鉄筋によって補強されたコンクリート造〟つまりRC造を選択肢に入れてみてはいかがですかと問いたいのです。強風に対しては、その重さのおかげで計算上考慮をしなくても良い程に強いと思いますが、いかがでしょうか。

ここでは建築技術の多面性についてもお話ししたつもりです。色々なところに出向いて色々な技術者のセールストークではないお話を聞いていただきたいと思うのは、このようなところからです。

そして〝木造サイド〟からの「3匹の子ブタ」のお話は〝尻切れトンボ〟になっていますので、その続きは住宅展示場や信頼できる技術者さんに聞いてみて下さいね。

第4話　営業マンがこう切り返してきたら、気をつけて！

奥さん：建築知識の少ない営業マンや、面倒くさがっている建築技術者が「分からない」という代わりに使用する「切り返し話術」について、以前話していたでしょ？

あなた：あ〜っ。「どうしてそれが気になるのですか？」ってやつだね。

奥さん：そうそう。もう少し教えてくれないかな。

あなた：結果的には、自分が説明しなくていいように、しゃべらなくていいように、「知りません」と言わなくていいようにするためなんだ。でも結局はお客さんに質問をし、しゃべらせることで、最終的にはお客さんが言葉に詰まって、「大した問題ではなかったみたい」という思いに至ることが目的みたいだね。

奥さん：もっと具体的に教えてくれる？

あなた：じゃあ、現在君が検討しているのは木造住宅の数社と、鉄骨系ハウスメーカーさんだとして、何でもいいから質問してみてよ。

（二人は住宅展示場で顔を合わせた住宅の建築予定者と、建築営業マンだという設定です）

奥さん：え〜っ、う〜んっ。あっ！　あの〜、つまらない質問なんですが、よろしいでしょうか。

営業マンとしてのあなた（以下、営業マンと表記）：はい。ご遠慮なくどうぞ。

奥さん：高気密・高断熱に関して気になっているんですが、教えていただけませんか？

営業マン：いろいろなところでお勉強なさっているようで素晴らしいですね〜。あちこちの営業マンが、いろいろなことを言うものだから、迷っていらっしゃるのですね。

奥さん：そうなんです。家を一軒建てるとなると、大変なんだな〜って、夫婦して既にお疲れモードなんです。

営業マン：（自信に満ちて）お任せください。私がお力添えさせていただきますよ（満面の笑顔）。ところで、高気密・高断熱に関してのご質問でしたが、どうしてまたそのような技術的なことが気になり出したのですか？　あまりお客様が口に出される話題ではありませんが……（心配顔）。

奥さん：実は先ほど見学してきた展示場の営業マンが、しきりとそのことを口にするものですから、気になり始めて……。

営業マン：それであなたはどのように思われているのですか？

奥さん：説明が難しくて、よく分からなかったのですが、性能は高いほうがいいのかな〜と思ったり。

営業マン：性能が高いと、どのように良いと思うのですか？
奥さん　：電気代が安くなったり……、環境のためだったり。
営業マン：そうなると、どのようになりますか？
奥さん　：おこづかいが増えたり、生活が楽になったり……。
営業マン：でも、建設費は高くはならないんですか？
奥さん　：あっ、それは何段階かにグレードが分かれていましたから、金額に差はありました。
営業マン：おこづかいを増やすために、建設費用を増やすのですか？
奥さん　：あっ?!
営業マン：でしょ〜っ！　売り上げのことばかり考えている営業マンは、難しい話をしてお客様を煙にまいて、高額商品を売りつけようとする傾向にあるんですよ。だまされないように十分に気をつけてくださいね。しかし当社では決してそのような営業をしてはいけないと、厳しく教育されています。ご安心ください。それに、当社の建物は建築基準法をらくらくクリアするグレードを基本としていますから、そのあたりは何の心配もいりません（自慢）。難しく考えすぎる必要はないですよ。家づくりの成功の秘訣は、信頼できる一社を信じて、ある程度は任せることです（笑顔）。どうぞ、当社へお任せください（自信に満ちた笑み）。

（ふっと我に返り……）

奥さん：そこまで言われると、最初の工務店には二度と行かないと思うし、目の前の営業マンはと〜っても頼りになる良い人に思えるわ。絶対に信用できる人だと思うもの。

（営業マンではない〈あなた〉へ戻って）

あなた：……（じ〜〜っと見つめる）。

奥さん：な、何よっ！

あなた：何も気づかない？

奥さん：えっ!?

あなた：君は何に関する質問をしたんだったっけ？　そしてその質問に関する答えはもらったの？

奥さん：あっ！　やられた〜っ。

あなた：これが基本的な営業マンの接客らしいよ。技術的な面倒くさい質問のかわし方だそうだよ。で、「お任せください」って。そして君は「高気密・高断熱なんて、素人が気にすることはなかったんだ」って自分を説得してしまった。そしてその営業マンは良い人を装いながらも、ライバルの工務店を確実に蹴落としてしまったよね〜。

奥さん：営業テクニックだったのか〜っ！　それに対抗するためにはどうすればいいの？

あなた：「分からないからお聞きしているんです。ぜひご意見をお聞かせください」という一点張りで相手に迫ることだろうね。そのうえできちんと説明してくれるかどうか。「分かる者と変わります」という話になるか。

奥さん：とにかく質問の主旨をはぐらかされないことね。よ〜しっ！

あなた：……（本当にやるんだっ?!）

＊　＊　＊　＊

上記の営業マンの説明もダメだというつもりはありません。なぜならば一般的には「売ってなんぼ」の営業成績なのですから。問題なのは建築主であるあなたが、営業マンの口車に乗せられて、はぐらかされてしまうことではないでしょうか。少なくとも営業マンのスタンスとしては、お客様の質問にはまずきちんと説明・解説をした後に、自身の考え方を示すべきであるような気はしますが。どの工務店でも営業マンの話術教育には力を入れているようですよ。営業マン個人の、人間性の見極めも必要なのでしょうね。

Chapter. 6

建てると決めた！
〜初心に返っての会話集

第1話　よしっ！　建てると決めた!!

友人　：家を建てるって決めたよっ！
あなた：そうっ！　すごいじゃない。それでどのような家を目指すことにしたのか、順序立てて説明してくれる？
友人　：やっぱりそうきたか。面倒くさいお前のことだから、きっとそれくらいのことは言うだろうなと思って、ちゃんと考えてきたよ（笑）。
あなた：さすが（笑）。……で？
友人　：箇条書きにして答えるよ。まずは、
1・アパート家賃を払い続けることに疑問を感じた
2・10年後までの家賃支払総額を計算してみた
3・自宅を建てるべきではないかと考えが傾いた
4・現在の自分の年収で、ローンが組めるのか心配になった
5・銀行に相談に行って、いくらまでならローンが組めそうなのか相談してみた

6・やはり意外と厳しい返答だった

7・ということは、安く建てることを優先順位の1番目に置くべきだと決めたっていうところが現状なんだ。

あなた：なるほどなるほど。それでこれからの予定は？

友人　：目の届かないところで建ってしまっているような建売住宅はなんだかイヤだから、ひざを突き合わせて親身に話を聞いてくれる工務店さんを、探そうと思っているんだ。そこで親友であるお前に工務店探しのアドバイスをもらおうと思ってね（照）。

あなた：いつから親友だよっ！　チャッカリしているよな～（笑）。

友人　：持つべきものはお前みたいな友っていうことさ。ほめられているんだから喜べよっ（笑）。

あなた：まぁそれはいいとして、銀行の話ではローンを組める上限はどれくらいだって言ってたの？

友人　：1800万円くらいじゃないかって言われた。

あなた：車や家財道具なんかのローンがあるとすれば、それらも隠さずにきちんと話をしたの？

友人　：もちろんさ。ただし銀行としては確定ではないから、計画が具体的になったら正式に審査をするので、その時にはまた資料をそろえて改めて来るように言われたよ。

あなた：なるほど。それじゃあ、少なからずの預貯金もあるだろうけど、一応銀行の言う通りに1800万円の建設費用として計画するようにしようよ。で、建物と土地と諸経費に関して、どのように割り振りを考えているの？

友人　：そこなんだよ。問題は……。
あなた：決まっているのは、優先順位の1番目として、安く建てるってことだけなの？
友人　：（照）そのためにお前がいるんだろうよっ（開き直り）。
あなた：もうちょっと言い方があるだろ（笑）。まぁ、いいや。それで、建物の規模や部屋数に関しては、決まっているの？
友人　：坪数はよく分からないけど、1部屋は小さくてもいいから3LDK欲しいと思っているんだよな〜。
あなた：それじゃあ、一応土地に600万円、建物に1100万円、予備費として100万円考えるようにしようよ。
友人　：600万円でまともな土地があるかな〜。しかもだよ、1100万円でまともな家が建つと思うか？
あなた：無理だと思うのならば、ここに相談なんかに来ずにあきらめるしかないんじゃないの？
友人　：そう言うなよ〜。アパートからできるだけ早く脱出したいって思っているんだからさ〜。
あなた：じゃあ今度来る時までに、1100万円で3LDKの家づくりに関して、知り合いの建築士さんに相談して具体案を聞いておくよ。だから君は君でもう少し希望を具体的にしておけよ。

＊　＊　＊　＊

建てるべきか借りておくべきか、議論は分かれるところではありますが、本書を読んでくださっているあなたも、建てる派に傾いているわけですよね。私もそのほうが正解だと思います。でも、「この際だから」と、どんどん建設費用が上がっていくような提案をする営業マンにだけは、踊らされないでください。予算があるならあるなりに、厳しいなら厳しいなりに、家のつくり方は正解が異なると思います。アパート家賃に対して「もったいない」という気持ちが強ければ、まずは今住んでいるアパートより少しでもグレードが高ければいいじゃないですか。背伸びをしすぎるのはよくありません。現状を踏まえて、堅実な家づくりを模索するべきだと思いますよ。それができれば、不動産資産を手にしたことになります。そしてその後は住宅ローンを支払うごとに、どんどん「実になっていく」わけです。

第2話　初心に返って土地探しの話から聞かせてよ

友人　：良い土地ってどうやって探せばいいのかな～？

あなた：何をもって「良い土地」とする？

友人　：えっ!?　あ～っ、駅に近くて便利なところで……安いところ。

あなた：優先順位の一番は？
友人　：……安いところ。
あなた：うん、分かった。でもその他に、地形（土地の形）が良いところ、地盤が安定しているところ、傾斜地ではないところ、造成費用が発生しないところなんかもそうだろうね。ただし、土地の値段には決まりがあるわけではなく、売り手と買い手の関係で決まるから、値段交渉の仕方までは知らないよ。ついでに、ひとつお得情報を伝えるとすれば、道路の拡幅工事があったようなところでは、買収（収用）対象にならなかった土地が「残地」として何の利用もされずに残っているところがあるよね。これらは地形が悪くて利用しにくい場合が結構あるんだ。さらにはそのような理由から、地主さんは残地補償という補償金をもらっている可能性があるんだ。もちろんその土地に、家の建築の計画ができることが前提ではあるけれど、もしかすると安く譲ってもらうことができるかもしれないよ。
友人　：それをどうやって探せばいいの？
あなた：不動産屋さんやネットで調べるか、額に汗して靴をすり減らすしかないだろうね。
友人　：そっか〜っ。
あなた：でもね、売りたいと思っている土地が必ずしも不動産屋さんに相談されているとは限らないからね。「売りたい」と言う気持ちだけで宙に浮いてる物件もあるんだよ。
友人　：相談するとしたら、やはり最初は不動産屋さんなのかな〜。

あなた：そうとばかりは限らないよ。本来最も好ましいのは、不動産の取引資格を持っていて、設計事務所資格登録をし、実際に設計能力のある工務店さんが一番いいと思うよ。ということは、ハウスメーカーさんならば全ての問題をクリアできているってことになるんだろうね。

友人：どうしてそう言えるの？

あなた：不動産の取引資格を持っていれば、プロしか見ることのできないサイトを閲覧できるし、知り合いの不動産屋さんにあちこち聞いてみることもできるでしょ。そして、その場所に希望する建物が計画可能かどうかは、設計士さんだからこそ判断がつく。さらには無理なく建てることができるかどうかは、経験豊富な工務店さんが好ましいよね。ひとつひとつ別の専門業者さんに相談するようでは、手間がかかるばかりだし、後戻りの可能性もあるよね。もちろん信頼できる業者さんでなければダメだけれどもね。

友人：なるほど〜っ。

＊　＊　＊　＊

法律によって、その地域ではどのような建物を建設可能なのか、既に分類されている地域も多いのです。この基準によって、農業関係の人の自宅やその作業場、医療・公共福祉関係の建物しか建設できない地域も存在するわけですし、住宅は建設できない地域もあるのです。また、街中の幹線道路沿いや商店街近くは、防火地域や準防火地域に指定されていることもあります。さらには鉄筋コンクリート住宅が欲しいと思って購入した土地が、計画道路などの予定地に入っていたりすると、鉄骨造もしくは木造の2階建てまでしか計画できなくなります。これは、道路工事に着手する際の買収費用が高くならないように決められている規定のように思います。ということは、鉄筋コンクリート住宅って、公的にも〝豪邸〟だと思われている証拠だともとれますよね。なぜって、RC造は法定耐用年数が長いことからも明らかなように、同時に建設された他の建物よりも残存価値が高くなり、結果として買収価格が高くなりますから。これまでにも同様のことを書いてきましたが、このあたりのことも冷静に考えてみてくださいね。

第3話　住宅ローンのことを教えてよ

友人　：住宅ローンについて教えてもらえる？
あなた：具体的にはどんなことが聞きたいの？
友人　：え〜っと、本には書いていないようなこと。
あなた：全然具体的じゃないじゃない（笑）。
友人　：そこは、ほれっ！　切り口を変えて、とかさ。得意じゃん！

あなた：それって、ほめてるつもり？

友人　：心の底からほめてるでしょ～っ！　俺はめったには口にしないようなことを言ってるじゃないかっ！

あなた：じゃあ、これまでの本では見たことのないような言い回しで、僕なりに説明するよ。まずは基本として「1・借入額1000万円で、2・金利2％、3・借入期間は30年、4・ボーナス返済なし」というケースを考えてよ。この場合に月々の返済額は、約3万7千円。2・3・4を固定して借入額が1・2倍になれば、3万7千円×1・2を計算すればいいし、2倍になれば同様に3万7千円×2と思えばいい。次に1・2・4は固定して、返済期間が長くなったり短くなったりする際には、5年前後するごとに5千円前後すると考えていると、大きな差にはならないよ。もちろん、ネットでもすぐに調べられるけどね。とりあえずのザックリ目安として、頭に入れておくといいよ。あくまでもザックリとした目安だよ。

友人　：へ～っ！　そうなんだ～っ!!

あなた：あとはその返済予定額から、現在の家賃を引いてみる。家賃は必要なくなるからね。さらには現実に建てるわけだから、住宅資金としての積立金も引いていいでしょ？　そして現在支払っているローンその他があれば、当然足さなければいけないよね。その額が毎月の支出として余裕があれば、現時点においてはセーフってことだよね。

友人　：なるほど……。でも、現時点においてっていうことは？

あなた：子どもの進学や、車の買い替え、仕送り、就職活動費などを加味しなきゃいけないでしょ。そのあたりは知り合いに生の声を聞いて、参考にするのもひとつの手だよ。「仕送りっていくらしているの？」とかさ。そしてそれを毎年の収支計画グラフにしてみて、どの年にも無理がないのかなって検討すればいいんじゃない？

友人　：なるほどね。本で読んでみると、思わずうなずいてはいるけれど、どうやって足を一歩踏み出していいのか分かんないんだよな～っ。

あなた：本ってそんなもんだと思うよ。「一歩踏み出すんだ！」と決めて読まなければね。

＊　＊　＊　＊

何度も書きますが、住宅ローンの返済額に関しては、営業マンから「大丈夫」と言われても、それを鵜呑みにしてはいけません。夫婦間でもきちんと納得できるようにしましょう。また、手元資金を建設費用として支出するのか、予備費として確保しておくのかによっては、新築後の不安の度合いも異なってきます。

専門外になりますが、親御さんから借りるのであれば、きちんと借用書を書き、きちんと振り込んで返済する方法をとるようにすべきだそうです。それが借用した金額なのか贈与されたのか、はっきりさせるために、です。ただし、住宅建設に関する親からの援助に関してはいくつかの優遇措置がありますので、それについての詳細は他書に譲りたいと思います。

第4話　600万円で土地を、1100万円で家を計画する

友人　：先日の件、聞いてきてくれた？
あなた：あ～っ！　はいはい。まずは1100万円で3LDKのRC造は厳しいだろうと言ってたよ。
友人　：やっぱりそうか……ハァ～っ！
あなた：ハァ～って……RC造を建てるつもりでいたの？
友人　：そりゃ～、これまでさんざんお前からの話を聞いていれば、確実にそうなるだろうよっ！
あなた：それならば、聞いてきた話がドンピシャになるよ。さすがプロのアドバイスは違うよな～。
友人　：なにを一人で納得してるの？　早く説明しろよっ！
あなた：あ～っ、悪い悪い。その人によるとね、アパートを出ると決めたのならば、とにかく出ることを優先させるのもひとつの方法だってさ。
友人　：ど……どういうこと？
あなた：家は一生に一度の買い物だっていう呪縛にとらわれている人ほど、その場で足踏みとお勉強ばかりで、家賃生活からの脱出は難しい傾向にあるって言ってたよ。

友人　：分かるような気がする……。俺がまさにそうだ！　で、どうすればいいって言ってたの？

あなた：一生に一度だと思えば思うほど、グレードも規模もどんどん上がっていくでしょ？　だから結果的には「家計的に」どんどん現実離れしていき、手が届かなくなって、最終的にあきらめてしまう人も結構いるんじゃないかって。だから、無理のない予算を決めてその範囲内でグレードと規模と経済的計画をしっかりと考えるべきじゃないかって。

友人　：具体的にはどうすればいいんだよ。

あなた：たとえばね、「35坪の建物面積」で計画をするのであれば、余裕のある３ＬＤＫの計画ができるけれど、贅沢を言わなければ20坪の建物面積でも計画できるんだって。上を見ればきりがないけれど、「家計的な足元」はきっちりと見ておくように伝えてって、その人から頼まれたよ。

友人　：ちなみに、建物面積が20坪の３ＬＤＫっていくらで建てられるの？

あなた：条件により当然変わってはくるらしいけれど、税込引き渡し価格は１０００万円でできるらしい。（※地域性等にも左右されます）

友人　：税込で？　引き渡し価格で？　手抜きなしで？

あなた：僕の師匠のような人が言ってるんだよっ！

友人　：信用するよ……。でも、どのような計画をすれば、その価格が実現できるんだろうね。

あなた：まずは、フルオーダーの設計はあきらめたほうが、その分いい家になるかもって。

友人　：どういうこと？

あなた：フルオーダーで計画していると、本設計に至るまでにどうしても「あ～でもない、こ～でもない」っていう期間がしばらく続くでしょ？　お客さんの見えないところで業者さんは一生懸命に時間をかけて図面を描いたり、予算を検討しているわけだよね。それって全ては最終価格に反映するっていうことだよ。だって会社とすれば、それらの作業は全て人件費として給料を払っている中で従業員さんがしているわけだから。でも業者さんに「作業の全てが工事代金に反映されるんですね？」って聞いたってたぶん、「イエス」とは言わないよね。

友人　：「大切なお客様のためですから、弊社では喜んでさせていただきます」とかなんとか言うんだろうな～。でも確かに実際にはそうだよな～。

あなた：資金的にある程度余裕があれば、１００万円、２００万円の予算アップは問題ないだろうけれど、そうでなければ端的に、「必要最低限以外のプランは任せますので、ある程度以上のグレードを３ＬＤＫ、○○万円以下で提案できますか？」って最初に言ってみることだそうだ。その予定金額が無茶な要求でなければ、提案は出てくるだろうし、あとは比較検討すればいいんじゃないかって。

友人　：その人、本当に商売人？　でもその人を信用すれば税込１０００万円で、きちんとした家を持つことが可能だってことだね？　本当に？！

あなた：そうみたいだよ（笑）。ただし、どこの展示場に行ったとしても、優秀な営業マンほど「目の前に現れた見込み客」が、「本当に自分にとってのお客様になる人かどうか」を見極める能力が高いそうだから、その会社の方針に沿わなかったり、極端なことばかり言いすぎて、現実に即した提案ができそうにない客だと判断すれば、向こうからすぐに「切り捨てられる」そうだよ。だって、無駄な営業努力はしても仕方ないからね。

友人　：現実に即して……か。

あなた：その現実っていうのは、建築主としての現実もあるけれど、工務店としての現実や都合もあるよね。つまり、「坪単価80万円以上の高級住宅専門」という企業イメージを確保したい工務店に対して「坪単価40万円以下の建物をお願いします」って懇願しても、先方だって引き受けるわけにもいかないと思わない？「誠に申しわけありませんが他社様でお願いします」って。

友人　：なるほど～、結構深い話だな～っ！　企業としてのポリシーでもあるんだろうね。。

あなた：でもね、ポリシーにもいろいろな種類があるとは思うけど、技術的なポリシーに限って言えば、ポリシーをもってやっている会社ほど、きちんとした仕事をしてくれるんじゃないのかな～。

友人　：それは……、そうだろうな。（納得）

＊　　＊　　＊　　＊

「お客様の希望に合わせて、どのような住宅でもお手伝いします」というポリシーも存在するでしょうし、それを否定はしません。ですが、建築営業マンに、「本当はどのような構造・工法が最も住宅にふさわしいと思っているのですか？」と質問してみたくなりませんか？　もちろん、建築営業マンは自社の物件が最もふさわしいと思えなければ、自信を持って高額な商品を売ることはできないでしょう。そこで、「では、どうして御社の建物がどの会社の建物よりも優れているのですか？」という質問にも、端的に答えねばならないはずですよね？

１００点満点の家が存在しないことは、私自身が建築技術者として感じていることでもあります。だからこそ、「御社の建物の欠点について教えてください」という質問にも、それぞれの建築営業マンも建築技術者も、即座にかつ明確に答えられなければいけないとは思いませんか？

第５話　工務店さんと設計事務所さんについて教えてよ

友人　：工務店とか設計事務所とかハウスメーカーとか、いろいろとあるじゃない？　まずはどこに頼めばいいのかな？

あなた：信頼できるところであれば、どこでもいいさ。

友人　：またまたまた～っ！

あなた：ただし、相談しようと思う工務店さんが設計することができるとは限らないし、「設計・施工」って表示している工務店さんが、本当に設計する能力を持っているかどうかは疑わしいよ。

友人　：どういうこと？

あなた：設計・施工の○○工務店っていう看板を見ることもあるでしょ？　でもね、実のところは設計資格を持っていない素人さんでも規模によっては設計が許されているんだ。つまり、設計に関して無資格の工務店さんが、「ごく小規模なら設計もできますよ」って意味合いでそれを書いている業者さんもあるみたいなんだよな～。だけど、もちろん許される範囲で設計業務をしているのであれば、違法ではないよ。また、設計資格を持っているからといって、本当に住宅一軒の設計をして、確認申請業務までしたことのある建築士さんの割合は、かなり低いそうだから、それも知っていたほうがいいかもね。

友人　：設計事務所登録をしているのに実際には自社内で設計できない工務店さんが、設計の依頼を受けたらいったいどうするの？

あなた：知り合いの設計事務所さんに丸投げするんじゃないかな～。耐震偽装事件の後に、ずいぶん厳しくなったみたいだけれど、設計・申請を代行して行う「代願」って言葉もあるそうだしね。

友人　：お宅は本当に自分のところで設計しているんですかって先に聞かなきゃならないってこと？
あなた：そんなことはないと思うよ。でも、気になるのであれば、後悔しないためには必要かもしれないね。その工務店さんに設計から施工まで全て依頼したつもりなのに、提出された設計図面を見てみたら、全然知らない設計事務所さんの名前が記載されているかもしれないし。
友人　：それってダメでしょ。
あなた：でも、これまでの打ち合わせのどこかで、ちょっと説明しているかもしれないし、設計者を正しく記載しているのであれば違法ではないのかもしれないね。その設計事務所に依頼したつもりがなくても。でも、今では本設計の際に、重要事項説明というのをしなければならなくなっているから、本設計にかかる前に、文書によるその説明がないようだと、気をつけたほうがいいかもしれないね。
友人　：でも、なんだか釈然としないよね……。
あなた：何か問題が発生した後で、「発注者として了解はしていない設計者」と「発注者が全て依頼したつもりの施工者」が、責任のなすり合いをしないように、発注者とすれば、責任範囲を明確にさせておく必要はあるかもしれないね。
友人　：どうしておけば大丈夫なの？
あなた：そのあたりに明確な法律知識はないから、詳しくは弁護士さんに相談してよ。いずれにしても文面ではっきりさせておくことが必要だろうね。たとえば「本工事における発注者への全責任は○○工務店が負う」とかじゃないかな。
友人　：それじゃあ、設計業務を専門にしている設計事務所って依頼先としてはどうなの？
あなた：設計が本業であれば、設計に関しては問題ないんだろうと思うよ。ただし工務店さんと同様に「当たり外れ」や、「性格的に合う合わない」はあるかもしれない。それにしても予算の管理能力があるかどうかは、とても重要だよね。ただし、僕のイメージとすれば、予算にある程度余裕があって、他の人たちとはちょっと違った家を建てたいって思う建築主さんが、設計事務所さんに相談に行くっていうのが最も一般的な流れなんじゃないかな〜っ。
友人　：「設計の匠」ってところだね？
あなた：さ〜、それはどうだか分からない（笑）。

＊　＊　＊　＊

設計事務所に最初に相談する場合には、どこまでが無料のサービスなのか、どこからが有料業務なのかをはっきり確認しておくことをおすすめいたします。さらに設計料に関する規定や、有料業務中のキャンセルに関する違約金の発生についても同様です。設計業務の専門事務所は、工務店以上に業務時間に関する意識が高いように感じています。もちろん、最近ではホームページでそのあたりを掲載しているところも多いようですから、下調べをしたうえで面談するほうがよろしいかもしれませんね。

第6話　プレカットって……なに？

友人　：最近の広告で「プレカット」って聞くけど、あれってどうなの？

あなた：昔は……って言っても、ほんの20年くらい前までは、一般的には木材の加工は全部大工さんがやっていたんだよね。もちろんそれなりの電動工作器具は使いながらも手作業で。ところが、熟練の大工さんが少なくなってきたのと同時に、技術が進歩してコンピューター制御で木材の加工ができるようになってきたんだよね。だから、さらに加速度的に大工さんには熟練度が必要なくなりつつあるそうなんだ。工場で前もって加工、つまりプレカットされた木材を組み立てる作業が大工さんのメイン業務になりつつあるそうだからね。

友人　：結果的にどうなの？

あなた：判断は分かれるかもしれないね。でも、そのせいで熟練の大工さんの必要性が低くなってきているのは間違いないね。そして確実に木材の加工価格は安くなってきているらしいよ。オートメーション加工に近くなってきているから。でもそのわりには住宅全体としての価格が下がっていないような気がするのはなぜなんだろうね？

友人　：じゃあ、プレカットを自慢するほどのことではないっていうこと？
あなた：プレカットではないことのほうが、むしろ自慢できることになるんじゃないかな〜。
友人　：ところで、加工って長さを合わせて削ること？
あなた：いやいや、もっとさ。柱や梁の接合部分つまり、仕口《しぐち》や継手《つぎて》と呼ばれる難しい部分まで、機械で加工できるようになったんだ。
友人　：だから現場では組み立て作業だけってことになるんだね。
あなた：だけ、ではないけれど、そういう傾向になってきてるのは事実みたいだよ。これからもいろいろな部材で、どんどんプレカット化が進んでいくんじゃないかな〜。
友人　：ＲＣ造でも？
あなた：もちろんそうだと思うよ。熟練工を必要としなくするためには、そうじゃないかな〜。
友人　：へ〜っ。

＊　＊　＊　＊

実は、私がいったん木造住宅から手を引いたのは、プレカット加工が一般的になり始めた頃のことでした。当時のプレカットは私の目には「これじゃぁ、ダメだ」と思える程度でしたが、大工さんに手加工させていては価格競争になるとどうしても勝てない。ちょうどその頃に、鉄筋コンクリート住宅の模索もしていたので、ＲＣ住宅に思い切って舵を切ったという状況でした。

しかし、このしばらくの間に加工技術も進歩し、柱や梁の接合部分に関する規定が確立されてきたのです。ですから私は、木造住宅のプレカット技術は「木造住宅を安く建てる」ための新技術だと位置づけているのです。であれば、当社にとっては「木造は安い価格帯だけのために存在すればいい」わけで、改めて木造住宅に参入し直したというところです。

第7話　規格型住宅ってどういうこと？

友人　：規格型住宅ってどういうこと？

あなた：たとえば車を買う時って、きちんとしたカタログがあって定価が表示されているから、購入価格がある程度、予測できるでしょ？

友人　：普通の買い物って、だいたいそんな感じじゃないかな〜。

あなた：そうなんだ。でも住宅に定価ってあると思う？

友人　：あるような、ないような……。

あなた：そう。定価のように表している工務店もあるけれど、一般的にはオプションが多すぎて、結局は最終価格がいくらになるのかが分からなかったりするんだよね。業界的には「オプション吊上げ方式」って呼んだりするみたいだけどね。実際には建設地域によって法的な規制が変わってきたり、地盤の補強が必要になってくることはあるのだけれど、そのあたりもある程度踏まえて、つけるべきものは最低限つけて、家として機能するところまでの価格を計上していくら、っていうようにしたのが、一般的にいう規格型住宅みたいだよ。だから当然ながらプランや仕様は最初からある程度決まっているんだ。ただし、そのあたりにも法的な決まりがあるわけではなく、各工務店がそれぞれに「自分のところを選んでもらいやすいように」都合よく、「安く見えるように操作」している可能性はあるらしいから、気をつける必要があるらしいよ。

友人　：あらかじめ決まっていなければ、値段はつけられないよね。以前からおかしいとは思っていたんだよね。何も決めてはいないのに、坪単価○○万円ってところが。規格型であることはいいにしても、オプション吊上げ方式か。

あなた：以前にも話したと思うけど、ある程度を決めておくからこそ、打ち合わせ回数を減らすことができるし、施工途中の変更や急な呼び出しの必要性なんかも少なくなるよね。それらの人件費は本来全て、工務店さんにしてみれば、明確に経費計上されるべき事柄なんだろうね～。

友人　：だからといって、打ち合わせ1回につき○万円、なんて言われたら、たぶん建築主側も気持ちが引いちゃうよね。

あなた：そうそう。いつものように車でたとえれば、ディーラーさんで売っている車をそのまま買うのか、改造して改造して改造して、原形をとどめないようにまでして買うのかの違いって言うと、言いすぎかな（笑）？

友人　：それは言いすぎ（笑）。だから規格型住宅のほうがいいってことになるの？

あなた：その規格型住宅が希望する建物に近いのであれば、そのほうがいいと思うよ。オーダーメイドでつくることにこだわりがあるのであれば別だけどね。でも、規格型って言ったって、通常は変更工事によって外壁の柄や壁紙、システムキッチンなんかの仕上げ部材の入れ替えもある程度は可能だと思うよ。それに、経済設計された内容でなければ、汎用性がないだろうしね。

友人　：それならばそのほうがいいかも。

あなた：ただし、勘違いしないでよ。どこの工務店さんでも規格型住宅を持っていたり、常備しているわけではないから、「規格型住宅くださいっ！」っていう感じのものでもないからね。

＊　＊　＊　＊

規格型住宅を悪いもののように感じる方であれば、決して建売住宅を選ぶことはないでしょう。なぜならば、建売住宅はさらに完成するまでの建築主との打ち合わせや変更を全てなくし、「建てること以外での無駄経費」を排除した建物だというところはイメージできますよね。ところが、オーダーメイド住宅だと、どうしてもそのあたりに人件費がかかってくるため、工務店さんとすれば、あらかじめ予算化しておかなければならないこともお分かりいただけると思います。ここで勘違いしていただきたくないのは、「だから規格住宅のほうが良い」と言っているわけではなく、「経済性最優先」であれば、規格型住宅を選ぶという選択肢もある、という知識を持っていただきたいということです。

第8話　地盤の良し悪しってどうやって分かるの?

友人　：以前、土地探しについて聞いたことがあるけど、地盤の良し悪しってどうやったら分かるの?

あなた：基本的には地盤調査をして判定するみたいだよ。木造住宅規模だと一般的にはスウェーデン式コーンサウンディング工法（先端がスクリュー状になった鉄の棒を、回転させながら地盤にねじ込ませ、地盤の固さを判断するもの）を採用するみたいだし、3号建物以上ではボーリング調査をするみたいだね。

友人　：何か違いがあるの?

あなた：サウンディングではある程度浅い部分で判断するのに対して、ボーリング調査では基本的に岩盤まで調査するみたい。その岩盤が深すぎるようであれば、摩擦杭という杭の種類を検討するみたいだね。そして、ボーリング調査の際には土壌の液状化試験を要求されることが多いみたいだよ。

友人：液状化ってあの、大地震のたびに問題になっている泥水が湧き上がって地盤が沈下してしまう、あの現象のこと？

あなた：そうそう。ちなみにね、木造住宅（4号建物規模）だと地盤調査をしなくても、設計士さんの状況判断だけで許可が下りることもあるらしいよ。

友人：調査をせずに、素人が地盤の良し悪しを判断する手段はないのかな？

あなた：まずは図書館に行って古い地図を調べてみたり、地域の古老に、以前その辺りに池や川が流れていなかったかを聞いてみるのも有効だよね。また、ブロック塀が傾いているところが複数見当たれば、それは施工のせいではなく、地盤のせいである可能性も否定できないだろうね。

友人：他には何かない？

あなた：あとはね、造成地であれば、その場所が埋め立てられたところなのか、削って造られたところなのかは重要になってくるね。そして傾斜地の場合で、高い部分を削って低い部分を埋めた場合は、きちんと処置されているかどうかを特に気をつけたほうがいいんだって。（図6を参照）

図6

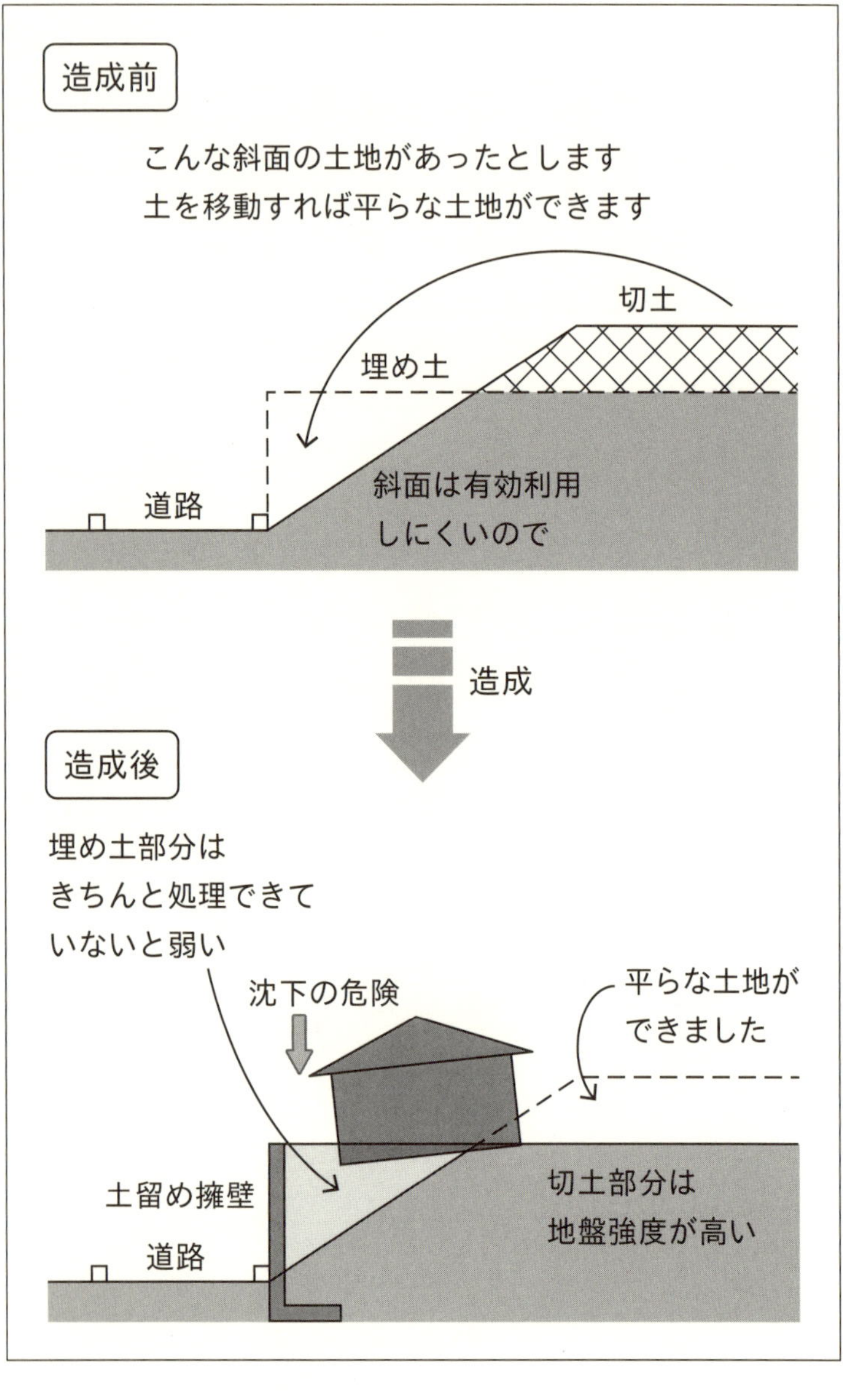
造成前
こんな斜面の土地があったとします
土を移動すれば平らな土地ができます
切土
埋め土
道路
斜面は有効利用
しにくいので
造成
造成後
埋め土部分は
きちんと処理できて
いないと弱い
沈下の危険
平らな土地が
できました
土留め擁壁
道路
切土部分は
地盤強度が高い

友人　：どうして？

あなた：一番厄介なのはね、その敷地が半分削っていて半分埋めている部分なんだよね。なぜならば、地盤の強さが一様ではない可能性があるから、きちんと処置をされていないと建設後に建物が傾く可能性を含んでいるらしいんだ。

友人　：半分は強い地盤の上で、半分は弱い地盤の上ってことか……。そりゃ〜、傾きもするだろうね。他にはないの？

あなた：あとは、地名を調べることも有効な場合があるみたい。

友人　：地名を調べるって……、どういうこと？

あなた：たとえば、知り合いが以前住んでいた地名が「大字沼窪字雨の坪」っていう地名だったそうなんだよ。名前からして、低湿地のような気がしない？

友人　：あ〜っ、そうとしか思えないよね〜。

あなた：これはたまたまかもしれないし、その地域がそのように呼ばれるようになった理由かもしれないよね〜。「大字」とともに「字」まで調べたほうがいいのかもしれないね。

友人　：へ〜っ！　勉強になりました！（笑）

＊　　＊　　＊　　＊

土地を安く買ったつもりでも、地盤補強費にお金がかかるようでは「本当に安かったのかどうか」疑問符が付くことになりかねませんよね。さらには最近の記録的大雨では、川の堤防が決壊する事態もたびたび報じられています。そうすると、「この川が決壊するとすれば、どの辺りが危険だろうか」という思考が先行するようにはなりませんか？

イメージしてみてください。上流から川の水が流れてきて、急にカーブするとしましょう。そうすると、水の流れはいったんそこで土手にぶつかって、流れの方向を変えますよね。もしかすると、決壊するとすればそのカーブ付近だという可能性を感じませんか？　そうすると、そのカーブの下流側は人気が下がるでしょうから、上流域に比べて土地の価格も下がっている可能性があります。地図を調べてみたり、地域の災害履歴を調べてみることの重要性をお分かりいただけるのではないでしょうか。

第9話　マンション購入と一戸建て、どっちがいい？

友人　：マンションと一戸建てって、どっちがいいのかな～？
あなた：あれ～っ？　また迷い始めたんだ～っ（笑）。
友人　：大きな買い物なんだから、少しは迷わせてよっ！

あなた：じっくり迷い、考え抜いた結果だったんだろうな～って、先日は思っていたからさ。
友人　：俺だけでは決められないことだってあるわけよっ！
あなた：そりゃそうだ（笑）。じゃあ、個人的な意見としてだけど、僕は分譲マンションがあまり好きではない。しかし、交通弱者やその予備軍にとっては、やむを得ない場合もあると思う。それにマンションライフに憧れる人もいるだろうし、今後本格的にコンパクトシティーが叫ばれるようになると、さらにやむを得なくなるかもしれないね。
友人　：好きではないという理由は？
あなた：マンションって日本語的に言えば「共同住宅」って訳してもいいんだろうと思うけど、言葉通りにいろいろなものを共同使用するわけだよね。廊下やエレベーターは基本的には法的にも道路と同じように考えられているそうだ。それに、電気の線や排水配管なんかも途中は共同利用だよ。丁寧に使用する人ばかりがいるといいんだけれども、そうとばかりも限らないだろうしね。投資用で購入して、他人に貸す人も出てくるだろうし。それも前提にして、たとえば50年くらい先の建て替えの時期を考えてみてよ。その時、君はいくつ？
友人　：85歳かな？
あなた：たしか、権利者の4／5以上の賛成多数で議決できるはずだったと思うけど、その際に君たち夫婦が反対したとしても、建て替えが決定される可能性があるんだ。そうなってしまうと、意に反してまた住宅ローンを組んで建て替えるの？　85歳から？　ローンが組めればまだ良しとしても、お金を貸してもらえないようだと、土地のわずかな権利を売って、そのマンションを出ていくしかないよね。そして、それから先の余生はまた借り住まいをせざるを得なくなるよね。お金を貸してもらえたとしても、やはりいったんは仮住まいをして、建て替え後にまた引っ越して戻ってくる？　つまり、ある程度を共同使用しながら住む建物だからこそ、意に反した結果であっても受け入れざるを得ないかもしれないんだ。それが多数決なら民主主義かもしれないけど……、それって本当に資産と言えるのかな〜。

友人　：言われてみればそうだよな〜。

あなた：でも、そんなこんなを考慮したうえでマンション住まいを希望するんだったら、それこそ住み替えが利く賃貸マンションのほうがおすすめかもね。

友人　：なるほど。その通りのような気がするわな〜っ。

あなた：でも、考え方には多面性があるからセカンドオピニオンは必要だよ。マンションの営業マンに話を聞く際には、建て替えの際の手続きや決まりごとともに、どのようなリスクが存在しているのかを、きちんと説明してもらわなければいけないように思うな。たぶん、管理組合規則みたいなものもあるはずだから、建て替え時期の詳細についても明文化されていると思うよ。売る側とすれば、あまり説明したくない部分かもしれないけれどもね。

友人　：なるほどね！　よ〜し、今の話をもう一度、〝奥方様〟に話してみるよ。

あなた：僕が言ったってことは内緒だよ。悪者になりたくないからねっ。

友人　：俺が悪者にならないようにだけは気をつけながら話すよ（笑）。
あなた：……えっ!?

＊　＊　＊　＊

生活に便利な場所で分譲マンションに決める、決めざるを得ないこともあるでしょう。ですから、その選択を否定するものではありません。ただし「共同住宅」である以上、多数決の原理に従わざるを得ない場合もあることを想定しておいてください。あなたとすれば「今さら建て替えずに、ちょっとリフォームすれば」と思っても、規定数以上の多数が「建て替え希望」となることもあるのです。「必要に応じて老人ホームに移る」と決めているようでしたら、そんなことまで考える必要がないのかもしれません。それであれば、賃貸マンションという選択が有力になるように思いますが、いかがでしょうか？　十分にご検討くださいね。

第10話　二世帯住宅を建てるとしたら？

友人　：マンションの件を〝奥方様〟に話したよ。「いい話を聞いた」って喜んでたよ。

あなた：よかった～（汗）。

友人　：それでね、また別問題が出てきたんだけど、この際に両親と一緒に住むように二世帯住宅にしたらどうかなって話が出たんだよね。

あなた：……それって、奥さんの意見？　それとも君の思いつき？　それによって話す内容が変わるかもしれないからね（汗）。話す相手によっては、話し方にも多面性があるんだ（笑）。

友人　：安心しろ、奥方様の意見さ。俺の両親と一緒に住めば、お互いにメリットもあるんじゃないかってね。土地は今の両親の家を壊せば、所有しているわけだしね。

あなた：それならば、話がしやすいから良かったよ。その内容ならば二世帯住宅大賛成。ただし、嫁姑の関係を気にするのであれば、完全分離型の二世帯住宅にするべきだと思うよ。

友人　：玄関も風呂もトイレも別々ってやつ？

あなた：そう。そうしておけばそれぞれの部分を別登記ができるし、ご両親が他界された後には賃貸に出すこともできるでしょ。

友人　：なるほど……。

あなた：そうして最も重要なのは、そうするのであれば、絶対に鉄筋コンクリート造にすべきだと思うね。これは断言できる。

友人　：木造住宅だと特別の処置をしておかなければ、2階のドタバタする音が1階に聞こえてしまうっていう話を聞いたことがあったよね。

あなた：うん。木造で完全分離型二世帯住宅にしてしまうと、1階に住んでいるご両親、特にこれまで一戸建てに住まわれてきたご両親にとっては、安アパートに引っ越してきたような気になるからね。「とんでもなくうるさいやつらが2階に住んでる」っていう認識になってくるみたいだよ。

友人　：それはそうかもしれないな〜。じゃあ、やっぱり鉄筋コンクリート造の二世帯住宅か〜(喜)。

あなた：なにを一人で勝手に喜んでるの？　ご両親の意見も兄弟の意見も聞いてはいないんだろ？　こんな重要なことは、一族打ちそろって会議でしょ！

友人　：そうなんだけどさ〜。二世帯住宅となると両親も援助してくれるだろうし、土地はタダだもんな〜っ。

あなた：決して目先のことだけ考えてはだめだよ。いずれは必ず相続という問題が発生してくるんだから。「相続」を「争族」にしないようにって、最近あちこちで目にするでしょ？

友人　：兄弟仲だけはいいからな〜、俺のところは。確かに親の財産のことで兄弟ゲンカはしたくないからな。

あなた：良かったよ。君の目の色が「欲深色」に変わってこなくて(笑)。みんなが了解するのであれば、方向性としては間違いではないと思うよ。

設計者としての著者の感覚が「心配しすぎ」なのかもしれません。しかし、設計時点で十分説明していたにもかかわらず、「2階の生活音が思った以上にうるさい」と言うご両親世帯の感想をお聞きしたこともあるのです。音に関しても声に関しても。木造や軽量鉄骨造での完全分離型二世帯住宅でしたら、そのあたりは十分に説明を受け、できれば既に同じグレードで建設済みの方の意見を聞いてみたり、展示場で体感してみることが望ましいように思います。状況によっては構造の変更とまでは言いませんが、防音に関するグレードの変更を検討する必要があるかもしれませんね。

＊　＊　＊　＊

第11話　業者さんを絞っていく際に気をつけることを教えてよ

友人　：いくつかの業者さんの中から1社に絞っていくわけだけど、その過程で大事な点を教えてくれないかな～。

あなた：ほ～っ、最終局面に迫ってきたわけだっ(笑)。話すのはいいけど、画一的にどうだってことではないからね。運命的に見つけたっ！　ていう出会いもあるだろうし、信用できる人から紹介してもらった業者さんを、とことん信じるって場合もあるだろうからね。

友人　：分かった分かった。オーソドックスなケースについて、気をつける点を教えてくれよ。

あなた：基本的にはまず、建築主が努力しなきゃいけないだろうね。業者さんは見つけてもらいやすいように、コマーシャルを流したりチラシを入れたりして努力しているわけだから。その中から自分に適しているところを選別していくことが、建築主側の最初の作業じゃないかな。

友人　：どんなところに気をつけながら？

あなた：その時点では、「何のための家づくり」なのかが既に明確になっているはずだから、その目的に合う家をつくっている会社かどうかを見極めることが必要なんじゃないかな。「我が家の家計」にとって、豪華すぎる家をつくっている会社を選択肢にあげてはいけないだろ？また、３０００万円の予算を組んでいる人は、１０００万円の家づくりが主体の会社を選択肢にあげる必要はないでしょ？

友人　：それこそ、工務店さんのほうから切られてしまうパターンだよね。それから？

あなた：目的に合いそうなところを数社選んだら、できれば、社長さんに会ってみることをおすすめするよ。だって営業マンは辞めることもあるけど、経営者は基本的に同じだからね。企業の体質や経営者の考え方は、会ってみないと分からないからね。最近ではチラシにも社長さんの笑顔入りの写真を掲載していることが多いだろ？　あれって、企業に対する親しみやすさをアピールすることが目的らしいからね。「好感の持てる笑顔」のわりには、会ってみたら「えっ!?」っていう感じだったりすることがあるかもしれない。もちろん大手工務店の社長さんが、わざわざ会ってくれるかどうかは分からないけどね。それでも可能であれば、「社長さんはこの展示場に次はいつお見えになりますか?」って聞いてみるのもいいんじゃないかな。当然、その間にも担当の営業マンの人柄はキッチリと見ておくことは大切だろうね。

友人　：それから?

あなた：営業マンは自社物件の利点を述べることには一生懸命になるけれど、そうではない部分を積極的には話そうとはしないよね?

友人　：だろうね。

あなた：だから必ず聞いておくべきことととして、「御社の建物の欠点を挙げるとすれば、どのような点ですか?」っていうところは重要だと思うよ。でないと、もしかするとその部分に「そんなはずでは……」というような内容が含まれているかもしれないからね。

友人　：たとえば、どんなことが考えられるの?

あなた：手っ取り早い具体例は「本体価格○○万円」って表示されているから、その金額を最終価格だと信じ込んでいたら、見積書を見ると2倍になっていることもあるらしいんだ。でも営業マンがファーストコンタクトで、その見積り上の問題点と言えるかもしれない部分に関する質問に対して、その問題点を答えないようだとどうなる?　双方にとって時間の無駄かもしれないし、ローンが可能な「ギリギリまで搾り取られて」ローン地獄に落ちるかもしれないからね。営業マンもプロだから、「お宅で決めた」という返事をさせるようなアプローチを繰り返してくるらしいよ。その結果として、あまりにしつこすぎる営業マンが所属する会社には気をつけることかな……根負けしないように。

友人：言われてみれば、その通りだよな~。熱心な営業って、言い換えればしつこい営業なのかもしれないよね。あっ！　以前聞いたことがあるよね？　気密性が高いっていうことは、風通しがよくないことで、気密性が悪いっていうことは風通しが良いってことにも言い換えられるって。

あなた：物事はどういう側面から見るかによって、表現が変わってくる可能性があるよね。でも、そのあたりまで気をつけた結果であれば、良い答えは目の前にあるような気がしない？

友人：そう思うよ。

＊　＊　＊　＊

ここでの主旨とは少し異なってきますが、住み心地という意味ではなく、100点満点の建物ってどのような建物ですかという質問を受けたことがあります。その時には「それが実現可能かどうかは別として」を前提に、以下のようにお答えしました。

1・建物が極めて軽いこと（水に浮く？　一時的に宙に浮く？）、2・極めて強靭な強度を持っていること、3・建て替えサイクルが極めて長いこと、4・構造部材の再利用が何度もできること、5・必要に応じて簡単に移動できること、6・窓の開閉ではなく、外壁面全体としての気密性の変更が簡単にできること、7・断熱性能が極めて高いこと、8・シロアリなどの被害をまったく受けないこと、9・建設費が極めて安いこと、10・火災に極めて強いこと……。

津波の際に浮上する建物は、既にどなたかが考案しているような気すらします。また移動するとなるとトレーラーハウスのようなものになってしまうかもしれませんので、もはやそれらは建築基準法では対応できない範疇《はんちゅう》になるのではないかと思います。でも、可能だとしたらどうですか？　そちらのほうが好ましいかもしれませんね。

そのような理想の中で、かつ現在の技術の中で可能な限り優れた建物をつくるためには、「切り捨てなければならないこと」が設計者の思惑の中にも存在しているのです。工務店も自社の建物に対して問題点を持っていなければならないように思いますし、それをお客様に対して明言できなければならないと思いませんか？　もちろん、そのような考えを押しつけるつもりはありません。お客様にしてみれば「悩みの種」をまたひとつ、まかれてしまったことになるかもしれませんからね（笑）。「お客様に疑問を持たせないこと、悩ませないこと」。これも大切な営業テクニックのようですから。問題点を知ったうえで、その先は、ご自身でご判断くださいね。

第12話　決意と20年後の目標を述べる

友人　：これまで家選びに関するアドバイスをいろいろとしてもらって感謝するよ。

あなた：今度は本当に腹を決めた？

友人　：その通り。

あなた：で？　どのような結論になったの？

友人　：銀行の融資の話はしたよね。だからその後のことを説明するよ。言われたように、一族会議も開いたし、おかげで平穏のうちに一応の結論をみたんだ。つまり、やはり二世帯住宅ではなく、俺たちだけの単世帯の家にしたほうがいいだろうという結論に達したよ。両親もまだ若いし、あまり急ぐことはやめようってね。しかし家賃はもったいないから、とにかく経済性重視で「我が家の家計の足元」をきちんと見据えながら、木造で建てることにするよ。ただし……ここからが重要なんだけど、家を建てるのはこれが最後ではないっていうことも、同時に決めたよ。

あなた：へ～っ、どういうこと？

友人　：今回は一定のグレードを確保しつつ、経済性重視での家づくりだけど、２０年後にローンの完済を目指す。そしてその後には、今から建てる家を貸すか売るかして、次のステップを考えようと思うんだ。

あなた：次のステップって？

友人　：終《つい》の棲家《すみか》としての、鉄筋コンクリート住宅さ。そしてその時には、完全分離型二世帯住宅を建てるつもりなんだ。

あなた：お〜〜っ！（拍手）素晴らしいね。

友人　：だろ〜っ！

あなた：でも、ふたつアドバイスをさせてよ。

友人　：えっ!?　パーフェクトなプランじゃなかった？

あなた：そうなんだけど、老婆心ながらのアドバイスさ。ひとつ目は、20年でのローン返済は素晴らしいと思うんだけど、借りるのはいったんは長く借りておいたほうがいいかもね。今ならまだ30年だってローンは組めるから。そのうえで、無理のないように繰り上げ返済を考えるべきかもしれないよ。20年ローンにしてギリギリに切り詰めた生活には、癒しなんて絶対にないからね。ローンの返済が楽になって、他に無駄使いをしてしまうようならば、その案はすすめられないと思うけど、お金に余裕が出てきたら無駄使いはせずに、繰り上げ返済をして、最終返済日を「前倒し」にするっていう方法もあるから、そのあたりのことも最初に夫婦間できちんと話しておくことが必要かもね。

友人　：なるほどなるほど。もうひとつは？

あなた：長い人生において、家だけが目標ではないからね。家族と過ごす時間も大切にしなければならないし、友人との関係や社会的付き合いも十分に重要な要素になってくるはずなんだ。前にも話したけれど、子どもの進学や仕送り、就職活動に際してもお金がかかるから、常にある程度の預貯金を考えておく必要があると思うよ。そのあたりもきちんと今、計画しておくべきだと思うよ。もちろん、子どもの考えも参考にしつつ、だよ。

友人　：なるほどね。本当に良い話をしてくれるよね～。

あなた：つい先日聞いてきた話なんだけど、英語で言う「HOUSE」は、一般的には建物そのものを指すんだって。つまりハードの部分だよね。それに引き替え「HOME」は家庭、つまり建物の内に存在する部分を指すことが一般的で、ソフトの部分にあたるそうなんだ。つまりね、設計士さんや工務店さんがいくら頑張ったって、素敵で癒されそうな「ハウス」「箱」つまり建物をつくることはできるけれども、その中で暮らす家族によってしか、素敵で癒される「家庭」はつくれないんだって。だからこそ、その理由が何であったとしても、家庭内がギスギスするようでは、アットホームな家庭にはなれないってさ。ということは、新築後に住宅ローンで苦しむような計画であったとすれば、その計画は最初から失敗だってさ。

友人　：なるほどね～っ！　今度、お前の師匠を紹介してよ。

あなた：やだよっ！　もう方向は決まったんだからいいじゃない！　それに、君のように無愛想で遠慮なしの男を紹介したら、僕が恥をかかされるかもしれないもの（笑）。

友人　：そんなこと言うなよ〜っ！　俺は孫弟子でもいいからさ〜っ。

＊　＊　＊　＊

家を建てると決めるのであれば、同時期に新築後のビジョンも考えておくようにしましょう。考えておくべき内容に関しては既に何度か出てきていますので、読み返してみてください。今回の会話の初めのほうにも書きましたが、このような時代だからこそ、家を購入するのは1回限りではない時代になってきているように感じられるのです。そこには「家賃はもったいない」という思いが存在してこそのことではありますが。ただし、それが優先順位の第1位であれば、何も問題はないのだと思います。

ちなみに……ですが、幸運な出会いがあってのことですが私の実体験談をご紹介いたします。税金などのことは考慮せずに話しますが、私は以前、家賃6万円のマンションに数年間住んでいました。そしてその後1200万円で中古住宅を購入しました。そしてその住宅に10年間住んでいたのです。もしもそのままマンション暮らしをしていたとすれば、6（万円）×12（ヵ月）×10（年）＝720万円が家賃として消滅していたことになりますよね。私はこの中古住宅を幸運にも購入価格と同額の1200万円で売却して、RC住宅に住み替えました。つまり、家賃として消滅しなかった720万円は、RC住宅の建設費用として利用できたわけです。仮に売却額が800万円だったとしてもマンション暮らしをしていた場合よりも320万円手元に残っていることになりますよね。

私はその中古住宅を「売主の言い値」で購入しました。購入に際してはその物件が弊社で建設した建物だったので、間違いないという確信があったことが重要だったのですが、「私にとっての良い出会い」であったことも重要です。そして私の家族がさらに十年居住後の売却価格に関しては、不動産屋さんが「もう少し高くても……」と言ってくれたことを付け加えておきます。

そして10年後のその新築計画が木造住宅であれば、家族の意見はどうであれ、大きな出費やローンが苦手な私にとってはあまり必要性を感じないことでした。なぜならば中古ながら、まだ十分に使用に耐える自宅を既に所有していたのですから。ところが丁度その頃が「RC住宅を木造住宅と同等価格で建てたい」という思いが込み上げていた時期だったのです。お客様にすすめる以上、自分で体感しなければなりません。価格も住み心地も。ですから私の家と隣に建つ両親の家は、そういう意味では「木造と同等価格のRC住宅の実験ハウス」だったということは否めません。そしてそのノウハウは確実に蓄積されその延長線上に格安の木造住宅が実現できたのだと思っております。結果として〝私的には〟公平な立場で〝ある程度は〟住宅全体を見渡しつつ本書の完成を見たのだと確信しております。

あとがき

最後までお読みいただき、ありがとうございました。
そして本編ではなく、あえてあとがきでお伝えしたいことがあります。
※特に格安木造住宅を建てる際には、十分にお気をつけいただきたいことがあるのです。
今日においては、木造住宅を安く建てるためのノウハウもたくさん存在しているようなのですが、なかには「それってどうなの？」と思ってしまいそうな木造住宅を供給している工務店さんもあるように思われて仕方ないのです。

それは本文中に何度も出てきましたが、木造住宅規模の建物に対する「4号の特例」の存在によります。ここでは構造に限って書いていると思ってください。本書では詳細説明をしませんが、特に「格安の木造住宅」をご検討の際に確認することをおすすめしたいのは、「確認申請として提出義務はないものの、構造をきちんと検討しているかどうか」についてです。それは、後日「それが工夫なのか手抜きなのか」が問題になることがあるかもしれないからです。きちんと構造の計画をしているのであれば、建築基準法から「地震に対して○割増」「強風に対して○割増」という表現はできると思いますので、ご確認いただくことをおすすめいたします。

極めて簡単でしたが、重要な部分でした。

＊　＊　＊　＊

さて、対話形式の本書において〈あなた〉はどのお立場で登場し、役を演じられたのでしょうか。もしもあなたが木造住宅に真摯に取り組んでいるプロの方であれば、書かれている内容を否定しつつ「力説」される部分もあったかもしれませんね。しかし、それはそれでよろしいのだろうと思います。なぜならば、冒頭でも書きましたが、「技術」にはさまざまな側面があるとともに、建築主側にもさまざまな理由があります。ですから家選びに関する唯一の正解というものはないのだと思うのです。〈あなた〉がこれからマイホームをご検討の場合は、本書に出てきた程度の内容を説明できない工務店さんやハウスメーカーさんをどのように評価しますか？　少なくともイメージ広告に踊らされる家選びではダメだ、ということはお分かりいただけたのではないでしょうか。

〝公平な立場で〟書き始め、書き終わりましたが、随分〝RC住宅びいき〟になっているのはお感じになっていることでしょう。しかしこれが私にとっての公平な立場だとお考えください。実は私が本気でRC住宅を広めたいと思い始めたのは、東日本大震災で津波に流される家々を目にしたからに他なりません。あの津波による被害の際に、あの場所にRC住宅がたくさん建設されていれば、落とさなくて済んだ命もたくさんあったはずなのにという思いとともに。その事実はどの建築技術者にも否定はできないと思います。〝家はまず人を守るシェルターの役を果たすべきである〟と確信したのはその時なのです。

しかし、これから家を建てようと思う方々には百人百様のご事情もあります。それこそがＲＣ住宅だけを推奨していてもダメだという思想の根拠にもなりました。ですから第一作目の本書では、徹底的にＲＣ住宅を推すのではなく、〝できるだけ〟公平な立場で筆を進めたつもりなのです。

お伝えしたいことはまだまだありますので、本書が好評となり、第２弾を発表できる日が来ればいいのですが（笑）。でも、あなたはそれを待つ必要はありませんので、確実に安全な一歩を踏み出してくださいね。

本書を最後までお読みいただいたということは、かなり本気で家づくりをお考えだということが分かります。どうかその結果が「マイハウス」を超えた「素晴らしいマイホーム」へ続くことをお祈りいたします。

実は私自身は結構な「運命論者」でして、常に「出会い」を意識しているところがあります。おかげ様で、良い出会いを重ねてきました。あなたにとって本書との出会いが〝良い出会いだった〟と思っていただければ大変うれしく思いますし、住宅取得に際しても〝さらに良い出会い〟に恵まれる事をお祈りいたします。

最後になりましたが、本書の出版にあたり各方面の方にご助言とご指導を賜りましたこと、誠にありがたく感謝にたえません。なにしろ出版ということ自体が初めてでもあり、ご迷惑をおかけした節が多々ございます。文末を割いてそのような皆様にお詫びとともにお礼を申し上げます。また、本人といたしましては、可能であれば「3部作」として完成させたいと思っています。その期に至りましたら、またよろしくお願い申し上げます。

尾崎一徳

著者プロフィール

尾崎　一徳（おざき　かずのり）

1961年福岡県生まれ。

父の経営する工務店を手伝おうと高校進学を固辞したが、結果的には福岡県立豊津高校（現　育徳館高校）にて「虚無の３年間」を過ごす。

いろいろあった後に熊本大学建築学科卒。

卒業後は岡山県本社の中堅ゼネコン、アイサワ工業株式会社にてテレビ局、学校、療養所、病院などを担当し、合計５年間現場監督としてお世話になる。その後に、福岡へ戻り父の経営する西日本建設株式会社へ入社。

現場監督として、また設計士として知見を広げるが、「設計業務」に関しては完全に独学。取得済み資格は多数（まえがきに詳述）。

ゼネコン勤務の影響か木造住宅が貧弱に思えて、「木造住宅と同等価格の鉄筋コンクリート（RC）住宅の開発」に力を入れ、一定の成果を得る。

RC住宅開発後はしばらく、木造住宅の受注を遠慮してきたが、「アパート脱出」のためにはやはり低予算での木造も必要、との認識に至り、「格安木造住宅」も開発。これまでは「目の届くところ」でしか仕事をしたくないと思ってきたが、諸事情も絡みつい最近になって事業の拡大を意識するようになる。

今日では東京のコンサルタントとともに「経済的な鉄筋コンクリート住宅」のノウハウ展開を主眼に置きつつ「安く所有することを優先順位の１位に置いた木造住宅」との、二本柱で事業を展開している。


！《ビックリマーク》な家選び　～デリケートで重要なその選択基準～

2018年４月15日　初版第１刷発行

著　者　尾崎 一徳
発行者　瓜谷 綱延
発行所　株式会社文芸社
〒160-0022　東京都新宿区新宿１－10－１
電話　03-5369-3060（代表）
03-5369-2299（販売）

印刷所　図書印刷株式会社

ISBN978-4-286-19251-2